KİLİSE İHTİYARLARI

TANRI'NIN HALKINA İSA GİBİ ÇOBANLIK ETMEK

JERAMIE RINNE

KARANLIKTAN
IŞIĞA YAYINLARI

Davutpaşa Cad. Kazım Dinçol San. Sit.
No: 81/87 Topkapı, İstanbul – Türkiye
info@karanliktanisiga.com
www.karanliktanisiga.com
www.9marks.org
Tel: (0212) 567 89 93

Kitap: Kilise İhtiyarları
Özgün Adı: Church Elders
Yazar: Jeramie Rinne
Çevirmen: İbrahim Elbeyli
Kapak Tasarım: Dual Identity inc.
Mizanpaj: Aysun Alsancak

Bu kitabın düzeltme işlemleri Karanlıktan Işığa Yayınları tarafından yapılmıştır.

T.C. Kültür ve Turizm Bakanlığı Sertifika No: 52351

Baskı: Anadolu Ofset – Tel: (0212) 567 89 92
Davutpaşa Cad. Kazım Dinçol San. Sit.
No: 81/87 Topkapı, İstanbul – Türkiye
Mart 2022

9Marks ISBN: 978-1-958168-03-5

"Önderlik de Ruh'un diğer armağanları gibi Mesih'in bedeninin gelişmesi içindir. Pavlus Titus'a, sağlıklı bir önderlik sistemi kurulana kadar kilisede düzenin olmayacağını açıkça belirtmişti. Kilise yaşamındaki çözülemeyen sorunların birçoğunun kökeni kusurlu önderliktedir. Jeramie Rinne, Kutsal Kitap'ın yerel kilisedeki ihtiyarların kimliği ve faaliyetiyle ilgili söylediklerini son derece faydalı bir dirilik ve netlikle açıklıyor. Bu hem ihtiyarların birlikte okuyarak fayda görmesine, hem de bir topluluğun, önderlerinin yaptıkları işin onlara yük değil de sevinç olması için dua edip onları desteklemesine yardımcı olacak bir kitaptır."

Alistair Begg, Baş Pastör, Parkside Kilisesi, Cleveland, Ohio

"Jeramie Rinne, kilise ihtiyarlarının pozisyonu ve hizmeti konusunda hem kapsamlı hem de az ve öz yazılabileceğinin mümkün olduğunu gösteriyor. Bu kitap çok değerli! Sadece bilgilendirici değil, aynı zamanda bir pastör olarak İsa ve dolayısıyla da kilisesi için olan sevgimde gelişmek üzere kullanabileceğim faydalı bir kitap. Bu konuda yazılmış ve doğrudan başkalarıyla paylaşmaya bu kadar uygun başka bir kitap düşünemiyorum."

Jared C. Wilson, Pastör, Middletown Springs Community Kilisesi, Middletown Springs, Vermont; yazar: *Gospel Wakefulness* ve *The Pastor's Justification*

"Kilisenizde öğrenci yetiştirmek için tam zamanlı pastörlerle birlikte topluluğa çobanlık eden, ona öğreten ve onu eğiten Tanrı yolunda ilerleyen, olgun adamlar görmeye özlem mi duyuyorsunuz? Kutsal Kitap'a sıkıca bağlı, bilgece ve arkadaşça yazılmış bu küçük kitap, kilise hizmetinin ve önderliğinin özünde yetki ve sorumluluk paylaşımına dayanan doğası hakkında. 'İhtiyarlar'ın nasıl atanacağı, organize edileceği ya da adlandırılacağıyla ilgili görüşlerinizden bağımsız olarak, bu kitapta meydan okumak, teşvik etmek ve yönlendirmek için kullanabileceğiniz çok şey bulacaksınız."

Tony Payne, Yayın Direktörü, Matthias Media; eş yazar, *The Trellis and the Vine*

SAĞLIKLI KİLİSELER İNŞA ETMEK

KİLİSE İHTİYARLARI

TANRI'NIN
HALKINA
İSA GİBİ
ÇOBANLIK
ETMEK

JERAMIE RINNE

KARANLIKTAN
IŞIĞA YAYINLARI

İÇİNDEKİLER

South Shore Baptist Kilisesi'nin ihtiyarları olan
kardeşlerime…

SERİYE DAİR ÖNSÖZ

Sağlıklı bir kilise inşa etmeye yardımcı olmanın sizin sorumluluğunuz olduğuna inanıyor musunuz? Eğer bir Hristiyan'sanız, biz öyle olduğuna inanıyoruz.

İsa size öğrenciler yetiştirmenizi buyurur (Mat. 28:18–20). Yahuda kendinizi imanınızın temeli üzerinde geliştirmenizi söyler (Yah. 20-21). Petrus sizi armağanlarınızı başkalarına hizmet etmek için kullanmaya çağırır (1.Pe. 4:10). Pavlus kilisenizin olgunlaşmasını sağlamak için sevgide gerçeği söylemenizi söyler (Ef. 4:13, 15). Bu sorumluluğu nereden aldığımızı görüyor musunuz?

İster bir kilise üyesi, isterse de önder olun, Sağlıklı Kiliseler İnşa Etmek adlı kitap serisi, Kutsal Kitap'ın bu tür buyruklarını yerine getirmenize ve böylece sağlıklı bir kilise inşa etmede üstünüze düşen rolü oynamanıza yardımcı olmayı amaçlamaktadır. Bunu söylemenin bir başka olası yolu da şu ki, bu kitapların sizin kilisenizi, İsa'nın onu sevdiği gibi sevme noktasında büyümenize yardımcı olacağını umuyoruz.

9Marks Hizmetleri, Mark Dever'ın sağlıklı bir kilisenin dokuz işareti olarak adlandırdığı maddelerin her biri üzerine kısa, okunabilir bir kitap ve bir de sağlam öğreti üzerine bir kitap çıkarmayı planlıyor. Açıklayıcı vaaz, Kutsal Kitap teolojisi, Müjde, Mesih'e dönme, müjdeleme, kilise üyeliği,

KİLİSE İHTİYARLARI

kilise disiplini, öğrenci yetiştirme, büyüme ve kilise önderliğiyle ilgili kitapların takipçisi olun.

Yerel kiliseler, Tanrı'nın yüceliğini uluslara sergilemek için vardır. Bunu, gözlerimizi İsa Mesih'in Müjdesi'ne odaklayarak, kurtuluş için sadece O'na güvenerek ve sonra Tanrı'nın kendi kutsallığı, birliği ve sevgisiyle birbirimizi severek yaparız. Elinizde tuttuğunuz kitabın bu yolda yardımcı olması için dua ediyoruz.

Umutla,
Mark Dever ve Jonathan Leeman
Seri editörleri

GİRİŞ

"İhtiyar oldum. Şimdi ne yapacağım?"

Birçok pastör "Teoloji Okurken Bana Pastörlük Hizmeti Hakkında Söylenmeyenler" adında bir kitap yazabilir. Böyle bir kitabın muhtemelen şunun gibi üzücü, ağır bölümleri olacaktır: "Tatsız Bir Toplantı Nasıl Atlatılır?" ya da "Üç Yaşındaki Bir Çocuğun Cenazesinde Ne Söylenir?" Pastörlük hizmeti hiçbir okulun bir adamı hazırlayamayacağı türden sıkıntılar, hayal kırıklıkları ve kalp kırıklıkları içerir.

Ama bu hizmette mutlu sürprizler de vardır. Teoloji okulundaki kimse bana topluluğuma aşık olacağımı ya da Tanrı'nın sadakatini ve Müjde'nin insanların yaşamlarında yaptığı güçlü işleri ön sıradan izleyeceğimi söylememişti.

Gönüllü ihtiyarlarla çalışmaktan duyacağım sevinç ve tatminden de kimse bahsetmemişti.

Gönüllü ihtiyarları seviyorum.[1] Sıkı iş saatleri ve yoğun aile yaşamlarına rağmen yerel kiliselerine önderlik etmek için zamanlarını, paralarını, gözyaşlarını ve dualarını feda eden adamlara hayranlık duyuyorum. Zorluklarla birlikte

---

[1] *Gönüllü* derken, bu rolü "maaşsız" olarak üstlenenleri kastediyorum. Bu kelimeyi ruhban sınıfından olan ve olmayanlar gibi bir ayrım yapmak amacıyla kullanmıyorum. Bu kitapta tam aksine, topluluk pastöre bu işe daha fazla zaman ayırması için maaş ödemeyi seçmiş olsa dahi, maaşsız bir ihtiyarla maaşlı bir pastörün aynı rolü taşıdığını savunmaktayım.

mücadele etmelerini, hatalar yapmalarını ve bu süreçte ol-
gunlaşmalarını izlemeyi seviyorum. Bu tıpkı on iki öğren-
ciyle zaman geçirmek gibi: Tanrı'nın lütfu sayesinde olağa-
nüstü bir çağrıya cevap veren sıradan ve kusurlu adamlar.
Topluluğumdaki ihtiyarlar benim için gerçek bir kardeşler
takımı oldular; yanımda diğer çoban dostlarım olmadan bu
hizmeti hayal edemiyorum.

İhtiyarları sevmemin bir başka nedeni de var: Onlar,
Tanrı'nın kendi kiliselerini yönetme planıdır. Tanrı her za-
man halkı için çobanlar sağladı. İsrail'e Musa'yı, Samuel'i ve
hâkimleri verdi. İsrail için *türünün en iyisini*, yani Kral Da-
vut'u seçti. Ama Davut da dahil tüm bu insanlar bir şekilde
kusurluydu. Davut'tan sonraki krallar Tanrı'nın sürüsünü
giderek daha fazla putperestliğe ve adaletsizliğe sürükledi.
Peygamberler de bu nedenle gelecek olan bir çobandan, yeni
bir "Davut"tan bahsetmeye başladılar (örn. Yşa. 9:1-7; Hez.
34:20-24).

Tanrı Davut Oğlu'nu, kendi yaşamını koyunları için feda
edip ölümden dirilen İyi Çoban İsa'yı göndererek sözünü tut-
tu. Ama bununla kalmadı. İsa, kendisi geri dönene kadar sü-
rüsüyle ilgilenmesi için ast-çobanlar olarak elçileri ve sonra
da *ihtiyarları* görevlendirdi (Ef. 4:7-13; 1.Pe. 5:1-4). İhtiyarlar,
İsa'nın kiliselerine çobanlık eden yardımcılarıdır.

Giriş

TANRI'YA YARAŞIR, İYİ NİYETLİ VE... KAFASI KARIŞIK

Bu sebeplerden ötürü ihtiyarları ne kadar sevsem de, tekrar tekrar yaşanan bir problemi fark ettim. İhtiyarlar genelde Tanrı'ya yaraşır, iyi niyetli adamlardır ancak sıklıkla bir ihtiyar olmanın sorumlulukları konusunda kafaları karışıktır. Ne *yapmaları* gerektiğini her zaman tam olarak anlamış değildirler. Ayrıca dürüst olmak gerekirse, biz maaşlı pastörler de onların bu kafa karışıklığına ortağızdır.

Sonuç olarak, ihtiyarlar kilise gözetimi konusunda başka liderlik yöntemlerini, genellikle de kendi kariyerlerinden ve tecrübelerinden kopyaladıkları yöntemleri uygulama eğilimindedirler. İhtiyarlar için net, Kutsal Kitap'a dayalı bir iş tanımı olmadığında, bu adamlar doğal olarak kendi bildikleri yöntemlere dönüyorlar. İhtiyarlık yapmanın şunlar gibi şey olduğunu varsayıyorlar:

- Okul yönetmek
- Şirket işletmek
- Savaşta komutanlık yapmak
- Proje yönetmek
- İşleyişleri yönetmek
- Taşeronları gözetmek
- Mütevelli heyetinde hizmet etmek

Bu tür yaşam tecrübeleri çeşitli yönlerden ihtiyarların liderliğine her zaman katkıda bulunur. Ama kilise yönetmek benzersiz bir iştir.

KİLİSE İHTİYARLARI

"İHTİYAR OLDUM. ŞİMDİ NE YAPACAĞIM?"

Bu kitap ihtiyarlar için kısa, öz ve Kutsal Kitap'a dayalı bir iş tanımı sunmayı amaçlıyor. Bir ihtiyarın ne olduğunu ve ne yaptığını bilmeye ihtiyacı olan yeni ya da potansiyel bir ihtiyara verilebilecek, ihtiyarlık görevini okuması kolay ve ilham verici bir şekilde açıklayan bir özet oluşturmak istedim. "İhtiyar oldum. Şimdi ne yapacağım?"

Ama bu kitap sadece ihtiyar olanlara ya da olmaya hazırlananlara yönelik değildir. Tanrı'nın kilise için olan planını tüm topluluğun bilmesi gerekir ve buna Tanrı'nın önderlik için olan planı da dahildir. İhtiyarın iş tanımıyla ilgili olarak ihtiyarların kendileri kadar kilise üyelerinin de kafaları karışmış olabilir.

Bu yüzden, üyeler ve önderler Kutsal Kitap'ın yerel kilisedeki hizmetler ve önderlerle ilgili vizyonunun etrafında birleşirken, bu kitabın topluluklara destek olacağını umuyorum. Ruhsal açıdan tembelleşmiş, kilisede yalnızca oturakları ısıtan Hristiyan erkeklerin bu kitabı okuduktan sonra, ailelerine ve kiliselerine çobanlık etme isteklerinin yeniden canlanmasını umuyorum. Son olarak da, Tanrı'nın bu kitabı kullanması, bazı adamları meslek olarak pastörlük hizmetine çağırarak onların yaşamlarını değiştirmesi için dua ediyorum.

Giriş

İHTİYARLAR, GÖZETMENLER VE PASTÖRLER

Terimlerle ilgili kısa bir açıklama: *İhtiyar* ve *gözetmen* sözcüklerini birbirinin yerine kullanacağım çünkü Yeni Antlaşma'da böyle kullanılıyor.[2] İhtiyarlık iki unvanı olan tek bir iştir.

Aslında, üç tane unvanı var. 2. bölümde *pastör* ("çoban") sözcüğünün de *ihtiyar* ve *gözetmen* sözcükleriyle aynı kilise rolünü ifade ettiğini savunacağım. Kutsal Kitap'a göre konuşacak olursak, ihtiyarlar pastördür ve pastörler de gözetmendir. Kilisede genellikle "pastör" dediğimiz kişi aslında maaşlı bir ihtiyardır ve genellikle "ihtiyar" ya da "gözetmen" dediğimiz kişi de maaşsız çalışan gönüllü bir pastördür.

İhtiyar ya da çoban, gözetmen ya da pastör, maaşlı ya da gönüllü. Hepsi aynı iştir. *Peki ama bu iş ne?* İhtiyarların yerel bir kilisede tam olarak hangi işi yapmaları gerekiyor? İsa'nın bu ast-çobanlara verdiği emir ve komutalar nelerdir? Bu görevi başarıyla yerine getirdiklerini nasıl bilebilirler?

Bu soruları cevaplamadan önce daha temel bir şey yapmalıyız. Bir ihtiyar olmak için Kutsal Kitap'ta gerekli olan nitelikleri anlamalıyız. Eğer ihtiyarlık görevini üstlenmeyi düşünüyorsanız, yapmanız gereken ilk şey buna hazır olup olmadığınızı görmektir!

---

[2] *İhtiyar, gözetmen, çoban* ve *gözetme* sözcüklerinin şu metinlerde nasıl birbirinin yerine kullanıldığına dikkat edin: Elçilerin İşleri 20:17, 28; Titus 1:5–7; 1. Petrus 5:1–5.

1

VARSAYIMDA BULUNMAYIN

Ergenlik öncesinde, Las Vegas, Nevada'nın eteklerinde ihtiyarlarca yönlendirilen küçük bir Baptist kilisesinin sadık müjdeleme hizmeti sayesinde İsa'nın öğrencisi oldum. Yirmi altı yaşımda Boston, Massachusetts'in banliyölerindeki küçük bir Baptist kilisesinin baş pastörü (baş ihtiyarı da diyebilirsiniz) oldum. Dolayısıyla ihtiyarların kim olduklarını ve ne yaptıklarını anlamış olduğumu varsayabilirsiniz. Ama inanın ya da inanmayın, Kutsal Kitap'ın ihtiyarlarla ilgili söylediklerini gerçekten çalışmaya ancak kendim bir ihtiyar olduktan *sonra* başladım.

Başladığımdaysa beni şaşırtan iki şey oldu. Bunlardan ilki, Kutsal Kitap'ın bu konuda *ne kadar çok* şey söylediğiydi. Yeni Antlaşma yazarlarının neredeyse hepsi ihtiyarlardan bahsediyor. Bu konuyu içeren on üzeri metin var. Anladım ki Mesih'e benzeyen ihtiyarlar kiliseler için isteğe bağlı bir seçenek değil, Tanrı'nın kendi kiliselerine çobanlık etme planının merkezi bir özelliğiydi. Bunu daha önce nasıl görememiştim?

İkinci olarak, Kutsal Kitap'a göre hem ihtiyarların Kutsal Kitap'a dayalı iş tanımlarının hem de niteliklerinin benim varsayımlarımdan *ne kadar farklı* olduğuna çok şaşırdım.

KİLİSE İHTİYARLARI

İsa'yı sevdiğim, teoloji diplomasına sahip olduğum ve düzgün bir şekilde vaaz verebildiğim için bir pastör ve ihtiyar olma ehliyetine sahip olduğumu sanıyordum. Daha ne gerekiyor?

Belki siz de benimkinden farklı nedenlere dayanarak bir ihtiyar olmanız gerektiğini varsayıyorsunuz. Belki yıllardır sadık bir kilise üyesi olduğunuz için artık ihtiyarların arasına katılma zamanınızın geldiğine inanıyorsunuz. Müjdeleme hizmetleri kurulunda iki dönem boyunca hizmet ettiniz, ev gruplarında Kutsal Kitap çalışmalarına önderlik ettiniz ve belki öğretmen bulamadıkları için Pazar okulunda ikinci sınıflar için öğretmenlik yaptınız. Görevlerinizi yerine getirdiniz ve bundan sonra artık önderlik yapmayı düşünüyorsunuz.

Ya da belki büyük bağışlar yaptığınız için ihtiyarlar kuruluna ait olmanız gerektiğini varsayıyorsunuz. Yazdığınız çek olmasaydı kilise mali yılında hesapları denkleştiremeyecekti. Büyük bağışlarda bulunanların sözleri daha fazla dinlenmeli ve yönetim kurullarında onlara yer verilmeli diye düşünüyorsunuz. Bu işler böyledir diye düşünüyorsunuz. Ayrıca kilisenizin, iş dünyasından anlayan bir önderden fayda göreceğine inanıyorsunuz.

Kilisenin dışında bir liderlik rolünde olduğunuz için kilisede de önderlik yapma niteliklerine sahip olduğunuzu düşünüyor da olabilirsiniz. Belki başarılı bir şirketi yönetiyorsunuz, kâr amacı gütmeyen bir organizasyonun yönetim kurulundasınız, bir departmanın başındasınız, bir taburun komutanısınız ya da bir takıma koçluk yapıyorsunuz. Liderlik becerilerinizin, tecrübenizin ve armağanlarınızın sizi ideal bir ihtiyar adayı yapacağını varsaymanız doğaldır.

Öyle değil mi?

Giriş bölümünde değindiğim gibi, ihtiyarlıkla ilgili yapmanız gereken ilk iş, Kutsal Kitap'ta sunulan niteliklere göre ihtiyar olup olamayacağınızı değerlendirmektir. Ama varsayımda bulunmayın. Hatta daha önceden ihtiyarlık yapmış olsanız bile, bırakın, adaylığınızı Tanrı'nın Sözü değerlendirsin.

Aşağıda Yeni Antlaşma'dan alınan, ihtiyar olmak için gerekli olan altı nitelik var. Dua ederek onları dikkatlice okuyun. Sık sık durup derinlemesine düşünün. Başkalarını da bu değerlendirmeye dahil edin. Bu bölümü karınıza, arkadaşlarınıza ya da bir ihtiyara gösterin ve şunu sorun: "Bu gerekli nitelikler beni betimliyor mu?"

ŞUNLAR MEVCUTSA, İHTİYAR OLARAK HİZMET ETMEYE UYGUN OLDUĞUNUZU BİLEBİLİRSİNİZ:

1. Bir İhtiyar Olmayı İstiyorsunuzdur

Yeni Antlaşma'nın ihtiyarlarla ilgili en uzun öğretilerinden birinde Elçi Pavlus, sözlerine şöyle başlar: "İşte güvenilir söz: Bir kimse gözetmen olmayı gönülden istiyorsa, iyi bir görev arzu etmiş olur" (1.Ti. 3:1). Petrus bunu şöyle ifade eder: "Tanrı'nın size verdiği sürüyü güdün. Zorunluymuş gibi değil, Tanrı'nın istediği gibi gönüllü gözetmenlik yapın" (1.Pe. 5:2).

Gönülden istemek. Arzu etmek. Gönüllü olmak. Bunu gerçekten istemeniz gerekiyor. Sadakatle çobanlık yapmak sizden çok şey talep eder. Eğer bu rol için içinizde bir açlık duymuyorsanız, tükenebilirsiniz. Elbette bunun anlamı, ihtiyar olmayı isteyen herkesin ihtiyarlığa uygun olduğu değildir. Ama arzunun olmaması bir sorundur.

Kilisemde tam bir ihtiyar potansiyeline sahip bir adam var. Aday gösterme takımımız ondan ihtiyar olarak hizmet etmesini istedi. Hatta ondan bunu üç kez istedik. Üç sihirli numara olsa gerek ki, sonunda kabul etti. Ama onunla biraz daha konuştuğumda, ihtiyar olmaya yönelik güçlü bir istek duymadığını anladım. Bu görevi kabul etmesinin kısmen nedeni, daha önce iki kez reddetmiş olmasıydı. Sonunda kilisesine karşı duyduğu görev bilinci ağır basmış ve onu bu görevi kabul etmeye zorlamıştı. Bu, tam olarak Petrus'un olmaması için uyardığı şeydi.

Ayrıca komşularına ve yaşadığı şehre müjdeleme yapmak için zaman ayırmak istediğini de söylemişti. Dışarıda sürüye yeni üyeler eklemeyi arzularken, burada sürüye çobanlık etmesi durumunda yaşayacağı hayal kırıklığını az da olsa hayal edebildim. Biraz daha dua ettikten sonra, bu adam fikrini değiştirdi ve cesaretini toplayıp teklifi üçüncü kez reddetti. Az kalsın bir müjdeciyi ihtiyar yapacaktık.

Bütün motivasyonlar Tanrı'ya yaraşır motivasyonlar olmasa da, ihtiyar olmak için içinizde bir arzu olmalıdır. Kutsal Ruh yüreğinize yerel kiliseye çobanlık etmeniz için Tanrı'ya yaraşır bir arzu koydu mu? Sizi motive eden şey nedir?

2. Tanrı'ya Yaraşır Bir Karakter Örneği Sergiliyorsunuzdur

İhtiyar olmak için gereken en önemli karakter özelliğinin bir kuruluşu işletme becerisi olduğunu varsaymış olabilirsiniz. İdari beceriler kilise gözetmenliğinin bir parçası olsa da,

Yeni Antlaşma yazarları kutsal bir karakteri daha fazla vurguluyor. İsa'nın ast-çobanları, İsa'nın karakterini yansıtmalıdırlar. Liderlik armağanları ortalama seviyede olan ancak Tanrı'ya yaraşır bir karakter taşıyan bir ihtiyar, karizmatik lider özelliklerini taşıyan ancak apaçık ahlaki kusurları olan bir liderden daha iyidir.

Şimdi Pavlus'un gözetmenin niteliklerini sıraladığı iki listeden bazı parçaları okuyalım. Bu erdemlerin bir ihtiyara, özel yapım bir takım elbise gibi uyması gerekir:

> Gözetmen ayıplanacak bir yanı olmayan, tek karılı, ölçülü, sağduyulu, saygın, konuksever, öğretmeye yetenekli biri olmalı. Şarap düşkünü, zorba olmamalı; uysal, kavgadan ve para sevgisinden uzak olmalı. (1.Ti. 3:2–3)

> Gözetmen, Tanrı evinin kâhyası olduğuna göre, eleştirilecek yönü olmamalı. Dikbaşlı, tez öfkelenen, şarap düşkünü, zorba, haksız kazanç peşinde koşan biri olmamalı. Tersine, konuksever, iyiliksever, sağduyulu, adil, pak, kendini denetleyebilen biri olmalı. (Tit. 1:7–8)

Mesih benzeri karaktere sahip olmanın öneminden dolayı, şimdi biraz yavaşlayalım ve bu niteliklerden bazılarını daha detaylı olarak ele alalım.

Ayıplanacak bir yanı olmayan. Pavlus erdem listelerine "ayıplanacak bir yanı olmayan" ve "eleştirilecek yönü olmamalı" diyerek başlıyor. Bu tanımlar ihtiyarın günahı tamamen aşması ve ahlaki açıdan kusursuz bir yaşam sürmesi anlamına gelmez. Eğer bu anlama gelseydi, kiliselerin bütün ihtiyarlarını tümden kovması gerekirdi. Ama ayıplanacak bir yanı olmamak, bariz bir şekilde günahta olmamak ve başkalarına örnek olacak kadar Mesih'e benzemek demektir. "Ayıplanacak bir yanı olmamak" demek, "saygın" (1.Ti. 3:2), "adil" ve "pak" (Tit. 1:8) olmak demektir.

İhtiyarların nitelikleriyle ilgili kitabında Thabiti Anyabwile bunu güzel bir şekilde ifade ediyor: "Ayıplanacak bir yanı olmayan demek, kimsenin bir ihtiyarın yanlış ya da ahlaksız bir şey yaptığını düşünmemesi demektir. Bu tarz yanlışlar yaptığını duyduklarında, insanların şok olacağı bir adam olmak demektir."[3]

Ayıplanacak yanı olmayan adamları ihtiyar olarak aday göstermek, topluluğun önderlerine olan güvenini güçlendirir. Dahası, ayıplanacak yanı olmayan kilise önderleri, kilisenin toplum önündeki tanıklığını da korur. Pavlus bununla ilgili şöyle demiştir: "Topluluğun dışındakiler tarafından da iyi bir insan olarak tanınmalıdır. Öyle ki, ayıplanacak duruma ve İblis'in tuzağına düşmesin" (1.Ti. 3:7).

Ölçülü (kendini denetleyebilen). Pavlus'un sunduğu profile göre ihtiyarın ölçülü, şarap düşkünü olmayan, kendini denetleyebilen ve disiplinli olması gerekiyor. Özdenetim Kutsal Ruh'un meyvelerinden biridir (Gal. 5:23) ve Hristiyan yaşamının bir işaretidir. Yani Ruh'la dolu olan bir adam, özdenetim sahibi olur.

---

[3] Thabiti Anyabwile, *Finding Faithful Elders and Deacons* (Wheaton, IL: Crossway, 2012), 57.

Varsayımda Bulunmayın

İlginçtir ki, iki listede de Pavlus özdenetim eksikliğinin belli bir işaretine karşı uyarıyor: şarap düşkünlüğü. Sarhoşluk yaşamları mahveder ve insanları daha başka günahlara sürükler. İhtiyar olunca içki içmeyi bırakan bir adamı tanıyorum. İçki içme konusunda ayıplanacak bir yanının olmamasını ve alkol bağımlılığıyla mücadele eden kilise üyeleri için örnek olmak istemişti. Kutsal Yazılar ihtiyarlardan alkolden uzak durmalarını gerektirmez ama bu kardeşinki kadar kendini inkâr kapasitesine sahip olmalarını ister.

Gizli bir alkol, uyuşturucu, pornografi ya da kumar bağımlığınız var mı? Öfke, harcama, küfretme ya da dedikodu yapma gibi kontrolü kaybettiğiniz durumlar var mı? Alışkanlık hâline gelmiş bir günahı çarmıha germek ve özdenetiminizi güçlendirmek için bir dönemliğine ihtiyarlık rolünü ertelemeye ihtiyaç duyuyor olabilir misiniz?

Uysal. Meşhur bir Swahili atasözü vardır ve şöyle der: "Filler savaştığında, çimenler ezilir." Benzer şekilde, kilise çobanları kavgacı ve saldırgan olurlarsa, koyunlar bundan zarar görürler. Pavlus bu yüzden nitelikli bir ihtiyarın "zorba olmaması", "kavgadan uzak olması" (1.Ti. 33), "dik başlı ve çabuk öfkelenen" (Tit.1:7) biri olmaması gerektiğini söylemiştir. Egoist, egemenlik taslayan, tartışmacı, baskıcı, katı, çabuk öfkelenen ve patlamaya hazır gözetmenler kilise üyelerini ezerler.

Aksine, ihtiyarların yumuşak huylu devler olmaları gerekir. Yumuşak huyluluk zayıflık ya da korkaklık demek değildir. Yumuşak huylu ihtiyarlar yetkilerini bir çobanın şefkati ve seven bir babanın hassasiyetiyle kullanırlar. Bir televizyon programında, su içen bir filin üstüne tırmanan bir

KİLİSE İHTİYARLARI

kaplumbağa görmüştüm. Fil bu kaplumbağayı kazara ezmemek için aşağı baktı ve ayak ucuyla kaplumbağayı yan tarafa itti. Böyle devasa bir varlığın bu kadar özenli bir davranışta bulunmasına hayranlık duymuştum. Bir kilise lideri böyle bir nezaket gösterdiğinde, insanlar da benim gibi hayranlık duyarlar.

Siz yumuşak huylu musunuz, yoksa sert misiniz? Barıştıran mısınız, yoksa kavga başlatan mısınız? İyi dinliyor musunuz, yoksa kendi fikirlerinizi ifade etmek için başkalarını dinlemeden mi konuşuyorsunuz? Kendinizde bu tür şeyleri fark etmek zordur. Cesur olun ve içgörü sahibi birkaç kilise üyesinden sizi dürüst bir şekilde değerlendirmelerini isteyin.

Açgözlülükten uzak. İhtiyarlar "para sevgisinden uzak" olmalıdırlar. Petrus ihtiyarların "para hırsıyla değil, gönül rızasıyla" (1.Pe. 5:2) hizmet etmeleri gerektiğini söylemiştir. Bu sözler zengin olmak ve lüks içinde yaşamak için hizmetlerini kullanan pastörlere yönelik iğneleyici bir azardır. Koyunlarının yününden faydalanan çobanlara karşı uyanık olun.

Açgözlülük sadece maaşlı pastörlere özel bir problem değil. Öncelikli olarak para kazanmak için yaşayan gönüllü ihtiyarlar, toplulukla ilgilenmeye zaman ve enerji ayırmakta zorlanırlar. Bazen açgözlü gönüllü ihtiyarlar kiliseleri bağışlar konusunda manipüle ederler. Kilise bütçesini kontrol ediyorlarsa, parayı kendi kişisel hizmetlerine yönlendirebilirler. Kilisenin sağlığını ve başarısını aylık hazine raporuna göre değerlendirebilirler. Parayı seven adamlar kiliseye önderlik ettiğinde, yoksullar için, kilise kurmak için ve dünyaya müjdelemek için ayrılan fonlar azalır. Açgözlü ihtiyarın küçük derebeyliğinin zenginleşmesine doğrudan katkıda bulunmayan davalar için neden fazla harcama yapılsın ki? Sizin parayla ilişkiniz nasıl? Onu seviyor ve yığmaya çalışıyor musunuz? Yoksa yerel kiliseniz, Müjde'nin yayılması ve başkalarının ihtiyaçları için harcanmasından zevk alıyor musunuz? Ondalık mı yoksa kuruş mu, gerçek bir kurban mı yoksa sadece göstermelik bir sembol mu veriyorsunuz? Verirken bunu bir karşılık bekleyerek mi yapıyorsunuz? Kendinizi dikkatlice yoklayın, "çünkü her türlü kötülüğün bir kökü de para sevgisidir" (1.Ti. 6:10).

Devam etmeden önce bir an duralım ve İsa hakkında düşünelim. Din bilginleri O'nu Şeytan'la birlikte çalışmakla suçladığında, bu suçlamalar tutmamıştı çünkü O'nun *ayıplanacak bir yanı yoktu*. Kılıcını çeken Petrus O'na askerlerden kaçıp kurtulma fırsatı sunduğunda, İsa *özdenetim göstererek* Baba'yla birlikte çarmıhta planladığı şeye olan kararlılığını sürdürdü. Zayıf, hasta ve acı içinde olanlarla ilgilenirken *uysaldı*. Şeytan O'na dünyanın görkemini teklif ettiğinde, *açgözlülük yapmadı*. Tüm bu anlarda İsa, Tanrı'nın koyunlarının mükemmel çobanı olarak hareket etti ve ayrıca bugünkü kiliselerin ihtiyarları için bir örnek model bıraktı.

3. Kutsal Kitap'ı Öğretebiliyorsunuzdur

Pavlus, gözetmenin "öğretmeye yetenekli" biri olması gerektiğini söylemiştir (1.Ti. 3:2). Kutsal Kitap'ı öğretmek ihtiyarın çobanlık işinin merkezindedir. 3. bölümde öğretme konusuna daha fazla değineceğiz. Ama şimdilik sadece şunu düşünün: "Daha önce başkalarına Tanrı'nın Sözü'nü, fark edilir bir etkiyle öğrettim mi?"

KİLİSE İHTİYARLARI

Yıllar boyunca, kilisemizin ihtiyarları potansiyel ihtiyar adaylarını değerlendirdi. Bir keresinde, birisi yıllardır imanlı ve kilisenin sadık bir üyesi olan bir adamı önermişti. Onun Tanrı'ya yaraşır karakterinden ve mutlu evliliğinden konuşmuştuk. Görev aldığı hizmetlerin ve kurulların listesini incelemiş, bu adamın yüzlerce saat gönüllü hizmet yaptığını görmüştük. Konuşmaya devam ettikçe, bu adamın bir ihtiyar olması gerektiğini giderek daha açık bir şekilde görür olduk.

Sonra birisi "Kutsal Kitap'ı öğretebiliyor mu?" diye sordu.

Bu adam Tanrı'ya yaraşır bir örnek sunmasıyla şüphesiz bize bir şeyler öğretmişti. Ama Pavlus'un bahsettiği öğretme yetkinliği bu değildi. Onun kastettiği, Müjde'yi ve Kutsal Kitap öğretisini sözlü olarak verimli bir şekilde aktarabilmekti. İhtiyar "karşı çıkanları ikna edebilmek için imanlılara öğretilen güvenilir söze sımsıkı sarılmalıdır" (Tit. 1:9).

Bazı durumlarda, söz konusu kardeşin daha önce hiçbir zaman, ev grubu gibi küçük bir ortamda bile Kutsal Kitap öğretmemiş olduğunu gördük. Bu yüzden ihtiyar adaylığını askıya almış, bu konuyu onunla daha sonra özel olarak konuşmuştuk.

İhtiyarlar sürüye İsa gibi çobanlık etmelidirler. İsa nasıl Tanrı'nın Sözü'nü yetkiyle duyurduysa, potansiyel ihtiyarlar da Kutsal Kitap'ı iyi öğretmeleriyle bilinir olmalıdırlar.

4. Ailenize İyi Önderlik Ediyorsunuzdur

Amerikan toplumunda sosyal yaşamla özel yaşam, iş yaşamıyla ev yaşamı arasında net bir çizgi vardır. Bir iş adamını, kârını artırabilme ve şirket hedeflerine ulaşabilme kapasitesine göre değerlendiririz, kişisel yaşamının nasıl olduğuna göre değil. Liderin aile yaşamı (çocuklar, evlilik, cinsel yaşam) kimseyi ilgilendirmez.

Ama Tanrı'nın ailesinde, bir ihtiyarın aile yaşamı son derece önemlidir. Hatta evlilik ve ebeveynlik, birinin ihtiyarlığa uygun olduğunun göstergesi olarak işlev görür. Bir adamın evdeki önderliğine bakarak kilise önderliğine uygun olup olmadığını üç açıdan değerlendirebiliriz. Bir ihtiyarın şöyle olması gerekir:

Tek karılı. Birçok Kutsal Kitap çevirisi Pavlus'un sözlerini "tek karılı" (1.Ti. 3:2; Tit. 1:6) olarak çevirir ama bazıları bunun yerine "tek kadınla evlenmiş" ifadesini kullanır. Bu ifadeyi tüm kapsamıyla yorumlamak zordur.[4]

Ama en azından kutsal evlilik antlaşmasını onurlandıran sadık bir koca anlamını görebiliyoruz.

Cinsel yaşamınızda karınıza sadık mısınız? Sık sık pornografik web sitelerini ziyaret ediyor musunuz? Hiç boşandınız mı? Eşinizle aranız nasıl? Kimsenin masallardaki gibi tamamen kusursuz bir evliliği yok. Ama evliliğiniz topallıyorsa (ya da daha da kötüyse) veya geçmişte bir evlilik hatası yaptıysanız, ihtiyarlık rolünü düşünmeden önce bilge birkaç

---

[4] Bu ifadenin çok eşliliği yasaklama amacı taşıması muhtemel görünmemektedir çünkü bu ifadenin tersi olan "tek erkekle evlenmiş kadın", kilisenin yardım listesine yazılabilecek olan kadınları ifade etmektedir (1.Ti. 5:9) ve bilindiği üzere Greko-Romen dünyasında çok eşlilik geleneği de yoktu. Çok eşlilik seçeneği elendiğinde, o zaman bu ifade ya (1) düz anlamıyla, yani boşanmış veya dul olsun, sadece bir kez evlenmiş şeklinde; ya da (2) mecazi anlamda, belki "sadık bir eş olma" şeklinde anlaşılmalıdır. Ben ikinci yorumdan yanayım. Daha kapsamlı bir değerlendirme için bkz. George Knight III, *The Pastoral Epistles: A Commentary on the Greek Text* (Grand Rapids: Eerdmans, 1992), 157–58.

ihtiyarla ve pastörle konuşmalısınız. Kendi gelininizle nasıl ilgilendiğiniz, Mesih'in geliniyle ilgilenip ilgilenemeyeceğinizi gösterir.

İhtiyarın "tek karılı" olması gerekliliği, evli olmayan kardeşlerin ihtiyarlık yapamayacağı anlamına mı gelir? Pavlus'un başka bir yerde bekarlığın hizmetteki avantajlarıyla ilgili öğrettiklerine ve evli olmayan bir elçi olarak gösterdiği kendi örneğine bakarsak (1.Ko. 7:7, 25-38), sadece bekar olmanın bir adamın gözetmenlik yapmasına engel olmayacağını söyleyebiliriz. Ama yine de, evli değilseniz, kendinize şunu sorun: "Cinsel olarak pak mıyım? Karşı cinsle olan evlilik öncesi romantik ilişkilerimde ayıplanacak bir şeyi olmayan biri miyim?"

Etkili bir baba: Yönetme yeteneği ihtiyarlık için önemlidir. Gözetmenlerin, bizzat "gözetmen" unvanında ima edildiği gibi yönetme becerilerinin olması gerekir. Ama "yönetme" dediğimizde, bunu genelde çalışanlarla ve politikalarla, finans durumlarıyla ve stratejik planlarla ilişkili bir şey olarak düşünürüz.

Pavlus'un bahsettiği yönetme yeteneği daha farklı bir alanla ilgiliydi: çocuklar ve ev.

İhtiyar, "evini iyi yönetmeli, çocuklarına söz dinletmeli, her yönden saygılı olmalarını sağlamalı. (Kendi evini yönetmesini bilmeyen, Tanrı'nın topluluğunu nasıl kayırabilir?)" (1.Ti. 3:4-5).

Baba olmakla ihtiyar olmak arasındaki benzerlikleri görüyor musunuz? İki durumda da bir adam bir önderlik rolü üstleniyor. İkisinde de başlıca görevi, sorumluluğu altındakilerin büyümesine ve birlikte uyum içinde yaşamasına yardımcı olmak. Hem ebeveynlik hem de ihtiyarlık insanları bir topluluk bağlamında olgunlaşmaya doğru yönlendirmekle ilgilidir. Tanrı'nın ailesine çobanlık yapmayı önce kendi ailenize çobanlık yaparak öğrenin.

Çocuklarınız terbiyeli mi, dizginsiz mi? Evinizdeki çocuklarınıza Tanrı'nın Sözü'nü ve Müjde'yi öğretiyor musunuz? Yoksa çocuklarınız aşırı katı olduğunuz ya da onlarla yeterince ilgilenmediğiniz için bezmiş durumda mı (Ef. 6:4)? Evinizdeki atmosfer ağırlıklı olarak besleyici ve düzenli mi, yoksa zararlı ve kaotik mi?

Bu yazılanlara göre çocuksuz kardeşler ihtiyarlık yapamaz mı? Prensipte yapabilirler. Ama evli bir adam, çocuklarla uğraşmak istemeyip belli bir yaşam tarzını yaşamak için çocuk yapmayı reddediyorsa, endişelenmemiz gerekir. Dünyaya olan sevgisi, onu "Verimli olun, çoğalın" şeklindeki (Yar. 1:28) başlıca evlilik buyruğuna uymaktan alıkoyar durumda mı? Ama bir adam elinde olmayan sebeplerden dolayı çocuk sahibi olamıyorsa, yaşamının başka bir alanında verimli olarak öğrenci yetiştirmelidir. Yani özetle bu ilke şunu ister: *Hâlihazırda* yaşamında etkili bir şekilde çobanlık yapmakta olan adamları çoban olarak aday gösterin.

Misafirperver. Pavlus gözetmenlerin "misafirperver" olmaları gerektiğini iki kez buyurur (1.Ti. 3:2; Tit. 1:8).

Misafirperverlik göstermek muhtaç, kayıp veya yalnız olan kişilere iyilik, şefkat ve ilgi göstermektir. Tüm bunlar ihtiyara uyan niteliklerdir. Ama misafirperverlik aynı zamanda başka bir şeyi de kapsar: başkalarının ailenizi iş başında görmelerini sağlar.

KİLİSE İHTİYARLARI

İnsanlar akşam yemeği için evinize geldiklerinde ne görüyorlar? Elbette kusursuz bir aile görmüyorlardır. Ama misafirleriniz eşinizle aranızdaki sözlü ve sözsüz iletişiminizde sıcaklık ve ortak saygı görebiliyorlar mı? Çocuklarınızla aranızda bunları görebiliyorlar mı? Çocuklarınız sizi dinliyor mu? Dinlemediklerinde onlara verdiğiniz tepki uygun mu? Eviniz bir kilise olsaydı, akşam yemeğine gelen misafirleriniz tekrar gelmek ister miydi?

5. Erkeksinizdir

Bu şimdiye kadar anlaşılmış olmalı ama yine de açıkça söyleyeyim: Tanrı kilisede ihtiyarlık yapmaları için erkekleri ve sadece erkekleri çağırmıştır.[5] Birkaç saptamada bulunalım:

- Görmüş olduğumuz gibi, Pavlus gözetmenin tek karılı bir *adam* olması gerektiğini farklı bağlamlarda iki kez söylüyor.

- Gözetmenlerden bahsetmeden hemen önce Pavlus şöyle diyor: "Kadının öğretmesine, erkeğe egemen olmasına izin vermiyorum; sakin olsun" (1.Ti. 2:12). Bağlamını göz önünde bulundurursak, bu ayet en azından gözetmen rolü düşünülerek söylenmiş olmalıdır çünkü bu rol temelde öğretmek ve yetki kullanmakla ilgilidir.

---

[5] Bunun hararetli bir tartışma konusu olduğunu biliyorum ama maalesef görüşümü desteklemek için sadece birkaç argümanı kısaca sunabilirim. İlgili metinlerin ve konuların kapsamlı bir değerlendirmesi için bkz. Wayne Grudem, *Evangelical Feminism and Biblical Truth: An Analysis of More than 100 Disputed Questions* (Colorado Springs, CO: Multnomah, 2004).

• Pavlus bir kiliseyi yönetmeyi bir aileyi yönetmeye benzetiyor. Tanrı erkekleri evlilikte ve ebeveynlikte önderlik etmeye çağırdığı gibi (Ef. 5:22-6:4), kilise ailesinde de önderlik etmeye çağırır.

Bu kadınlar hiç öğretemez, çobanlık yapamaz, günahı azarlayamaz ya da tanrısal bir karakter örneği gösteremez mi demektir? Elbette hayır. Tanrı'nın size çobanlık etmek ve sizi şekillendirmek üzere kullandığı Tanrı'ya yaraşır bir kadın mutlaka tanıyorsunuzdur. Ben şahsen tanıyorum. Ama *ihtiyarlık* bir armağandan ya da hizmetten daha fazlasıdır. İhtiyarlık belirli bir görevi, Tanrı tarafından tayin edilmiş bir rolü, bir yerel kilisenin yapısal düzenindeki özel bir pozisyonu tanımlar; tıpkı *babalık* görevinin aile içinde özel, Tanrı tarafından tayin edilmiş bir pozisyon olması gibi. Tanrı babalık rolü için olduğu gibi, ihtiyarlık rolü için de uygun niteliklere sahip olan *erkekleri* çağırmıştır.

6. Uzun Süredir Bir İmanlısınızdır

Pavlus yeni Hristiyanların ihtiyar olarak hizmeti konusunda uyarıda bulunmuştur: "Gözetmen yeni iman etmiş biri olmamalı. Yoksa gurura kapılıp İblis'in uğradığı yargıya uğrayabilir" (1.Ti. 3:6).

Bazen yeni kurtulmuş Hristiyanlar ruhsal tutkuları, hızlı dönüşümleri ve korkusuzca sarf ettikleri müjdeleme gayretleriyle bizi çok etkilerler. Ama bu enerjik yeni Hristiyan'ı ihtiyarlık rolüne getirmekte aceleci olmayın. Onun büyüyeceği ve sınanacağı daha çok alan vardır. İhtiyar sözcüğü bilgelik ve tecrübe ima eder ve yeni imanlılarda bu şeyler eksiktir.

KİLİSE İHTİYARLARI

Eğer yeni tövbe edip Mesih'e dönmüş biriyseniz, Mesih'te daha derin köklenmeye odaklanın. Ruhsal kibir karşısında tetikte olun. Hatta, bir adım daha geri atalım: Gerçekten iman ettiğinizden emin olun. Bunu yaptığınızı varsaymayın! Günahlarınızdan tövbe ettiniz ve sizi bağışlaması için İsa'ya iman ettiniz mi? Sadece İsa'nın ölümünün ve dirilişinin sizi cehennemden kurtarabileceğine ve Tanrı'yla barıştırabileceğine inanıyor musunuz? Yeniden doğdunuz mu? Hiçbir şey kiliseyi gerçekten tövbe ve imanla Mesih'e dönmemiş pastörleri ve ihtiyarları görevlendirmek kadar mahvetmez. Bir Hristiyan dahi olmayan birisi nasıl İsa'nın ast-çobanı olarak görev yapabilir ve İsa'nın karakterini yansıtabilir?

Bizim kilisemiz ihtiyarları yıllık bir toplantıda seçiyor. O toplantıda ihtiyar adaylarından tövbe etme ve İsa'ya iman etme hikâyelerini anlatmalarını istiyoruz. Adaylar genelde yıllardır tanıdığımız ve daha önce ihtiyar olarak hizmet etmiş adamlar oluyor. Ama kilise bu adamların İsa'ya olan imanlarını ikrar edişlerini bir kez daha duymak istiyor. Kilisemizin bu uygulamaya ne zaman başladığından emin değilim ama umarım ki bu uygulama hep devam eder.

BU SİZ MİSİNİZ?

Şimdi bir şey yapmanızı istiyorum. Sonraki bölüme geçmeden önce 1. Timoteos 3:1-7'yi okumanızı istiyorum. Sesli okuyun. Gerçekten ciddiyim. Gerekirse kimsenin olmadığı bir yere gidin ve bu ayetleri sesli okuyun:

Varsayımda Bulunmayın

İşte güvenilir söz: "Bir kimse gözetmen olmayı gönülden istiyorsa, iyi bir görev arzu etmiş olur." Ancak gözetmen ayıplanacak bir yanı olmayan, tek karılı, ölçülü, sağduyulu, saygın, konuksever, öğretmeye yetenekli biri olmalı. Şarap düşkünü, zorba olmamalı; uysal, kavgadan ve para sevgisinden uzak olmalı. Evini iyi yönetmeli, çocuklarına söz dinletmeli, her yönden saygılı olmalarını sağlamalı. Kendi evini yönetmesini bilmeyen, Tanrı'nın topluluğunu nasıl kayırabilir? Gözetmen yeni iman etmiş biri olmamalı. Yoksa gurura kapılıp İblis'in uğradığı yargıya uğrayabilir. Topluluğun dışındakiler tarafından da iyi bir insan olarak tanınmalıdır. Öyle ki, ayıplanacak duruma ve İblis'in tuzağına düşmesin.

Pastörlük hizmetine atanmak için değerlendirilirken, bir adam benden bunu yapmamı istemişti. Kutsal Kitap'ı açtım ve 1. Timoteos 3:1-7'yi bu adama ve odadaki diğerlerine sesli olarak okudum. Bitirdiğimde, adam bana şöyle dedi: "Okuduğun için teşekkür ederim. Şimdi sadece bir sorum var. Bu sen misin?" Sonra yerine oturdu.

İsa'nın kiliselerine önderlik etmek istiyorsak, İsa'ya benzemeliyiz ve İsa tüm bu karakter özelliklerine sahiptir. Koyunların, geleceğin aday ast-çobanlarının yaşamında ve karakterinde Baş Çoban'ın izlerini güçlü bir şekilde görebilmeleri gereklidir. Bu yüzden, bir ihtiyarın tanımıyla ilgili az önce okuduklarımıza dayanarak şöyle sorayım: "Bu siz misiniz?"

2

KOYUN KOKUN

"Yani, bu kilise sizin şirketiniz gibi ve siz satış elemanısınız; sattığınız ürün de Tanrı." Kilise toplantısından sonra bina girişinde duruyorken, yeni gelen birisi böyle dedi. (Keşke vaaz sonrası kilisenin arkasında girdiğim tüm garip sohbetleri bir günlüğe kaydetseydim!)

"Hayır, öyle sayılmaz", diye cevap verdim.

Adam kendi tecrübelerine dayanarak kiliseyi anlamlandırmaya çalışıyordu. Görünüşe göre, iş dünyasına ve satış faaliyetlerine aşinaydı ve bu yüzden kiliseyi de kendi bildiklerine göre yorumlamaya çalışmıştı.

Maalesef, bu hatayı yapanlar sadece kiliseye yeni gelenler değil. Pastörler, ihtiyarlar ve üyeler de sıklıkla kiliseyi bir şirket ve kurum gibi görüp yanlış yorumluyorlar.

Kiliselerin şirket yönetimine benzer yönleri olduğu doğrudur. Kiliselerde genelde finansal işlerden sorumlu görevliler ve bütçeler, çalışanlar ve personel politikaları, tesisler ve sigortalar, iş akış şemaları ve hedefleri, yönetmelikler ve kurullar bulunur. Bunlar bir topluluğun yaşamının parçasıdır ve Tanrı'nın yüceltilmesi için iyi yönetilmeleri gerekir. Yerel kilise, organize olmuş bir organizmadır.

Ama bu şirkete benzer unsurlar toplulukta Kutsal Kitap öğretisinin aksine bir ana kurumsal modelin parçası hâline gelirse, sorun ortaya çıkar. Şöyle görünebilir:

- Pastör = başkan/CEO
- Maaşlı hizmet kadrosu = başkan yardımcıları
- Üyeler = hissedarlar/sadık müşteriler
- Ziyaretçiler = potansiyel müşteriler

Peki ya ihtiyarların rolü?
- İhtiyarlar = mütevelli heyeti

Bu modelde ihtiyarların iş tanımı, mütevelli heyeti üyelerinin iş tanımına benzerdir. Hizmet işini yapmaları ve hizmet işine önderlik etmeleri için pastörleri işe alırlar. Sonrasında ihtiyarlar kurul toplantılarında bir araya gelerek hizmeti değerlendirir, finansal duruma bakar ve politikaları belirlerler. Pastörler yeni öneriler sunar ve ihtiyarlar onları onaylar ya da reddederler. Pastörler hizmet eder, ihtiyarlarsa yönlendirir.

Ama bu ihtiyarlık modeli, önemli bir Kutsal Kitap gerçeğini gözden kaçırır: İhtiyarlar da pastördür.

İHTİYAR = PASTÖR

Bir sebepten ötürü, zaman içerisinde bir noktada, pastörleri ihtiyarlardan, maaşlı hizmetkârları maaşsız gönüllülerden farklı görmeye başladık. Ama Yeni Antlaşma böyle bir ayrım yapmıyor.

KİLİSE İHTİYARLARI

Öncelikle, pastör ne demek? Grekçe *poimen* sözcüğünü "pastör" olarak çeviriyoruz ve "çoban" anlamına geliyor. *Poimen* doğrudan bir çobanı ifade edebilir, örneğin Luka'daki İsa'nın doğuş hikâyesinde geçen kırlardaki çobanlar gibi. Ancak daha sık olarak, *poimen* bizim İyi Çobanımız olan İsa'yı ifade eder. Bir de bununla bağlantılı *poimaino* fiili var ve anlamı "çobanlık etmek" ya da "sürüyü gütmek"tir. Yani, bir pastör bir çobandır ve pastörlük yapmak sürüyle ilgilenmek demektir. *Pastör* sözcüğünün Latince *pastor* sözcüğünden gelmesi de şaşırtıcı değildir çünkü anlamı yine "çoban" demektir!

Bu nokta çok önemli: Yeni Antlaşma "çoban" sözcüğünü bu saydığımız isim ve fiillerin anlamlarıyla kullandığı gibi, daha geniş anlamda çobanlık konseptini, *ihtiyarları ve yaptıkları işleri* ifade etmek için de kullanmıştır. Aşağıdaki fiilleri inceleyin. *Poimaino* ve *poimen* sözcüklerinin kullanıldığı yerleri italikle belirttim.

Pavlus, Efes'teki kilisenin ihtiyarlarını uyarıyor:

> Kendinize ve Kutsal Ruh'un sizi gözetmen olarak görevlendirdiği bütün sürüye göz kulak olun. Rab'bin kendi kanı pahasına sahip olduğu kiliseyi *gütmek* üzere atandınız. (Elç. 20:28)

Benzer şekilde Petrus şöyle yazıyor:

> Bu nedenle aranızdaki ihtiyarlara, onlar gibi bir ihtiyar, Mesih'in çektiği acıların tanığı, açığa çıkacak olan yüceliğin paydaşı olarak rica ediyorum: Tanrı'nın size verdiği sürüyü *güdün.* Zorunluymuş gibi değil, Tanrı'nın istediği gibi gönüllü gözetmen-

lik yapın. Para hırsıyla değil, gönül rızasıyla, size emanet edilenlere egemenlik taslamadan, sürüye örnek olarak görevinizi yapın. Baş Çoban göründüğü zaman yüceliğin solmaz tacına kavuşacaksınız. (1.Pe. 5:1-4)

Petrus'un sözleri İsa'nın dirildikten sonra ona söylediklerini anımsatıyor: "Kuzularımı otlat" ve "Koyunlarımı güt" (Yu. 21:15, 16).

Peki ya İsa'nın kilisesine armağan olarak verdiği görevliler? Pavlus elçileri, peygamberleri, müjdecileri ve sonra da *pastörler* ve öğretmenleri" sıralıyor (Ef. 4:11). Grekçe gramere bakacak olursak, "pastör" ve "öğretmen" tek bir görevi ya da rolü tanımlıyor. Yani kilisenin pastörleri ya da çobanları, aynı zamanda kilisenin öğretmenleridirler. Ayrıca daha önce de görmüş olduğumuz gibi, öğretme hizmeti ihtiyarlık görevinin kalbinde yer alır.

GERÇEK MESELE

Gönüllü ihtiyar olarak görev yapan bir arkadaşım bana şöyle demişti: "İhtiyar olmakla ilgili en zor şey, *gerçek* bir pastör olduğuma inanmaktı." Ama Kutsal Kitap bu konuda olabildiğince açıktır. Eğer kilisenizde bir ihtiyar olarak görev yapıyorsanız, maaşla çalışan pastör kadar gerçek bir pastörsünüz.

Belki hâlâ şüpheleriniz var. Kariyerleri boyunca maaşlı pastörler olarak hizmet eden o "özel" adamlarla kendi kariyerinde başka işleri olan ve ihtiyarlığı gönüllü olarak yapan "sıradan" adamlar arasında farklar yok mu? Evet, farklar

KİLİSE İHTİYARLARI

var. Örneğin, maaşlı pastörlerin genelde daha resmi teolojik eğitimleri vardır, hafta içinde hizmet edecek daha fazla zamanları vardır ve bu yüzden pastörlükte, kilise hizmetinde ve öğretmede daha tecrübelidirler. Her zaman böyle olmak zorunda değildir ama maaşlı pastörlerin pastörel bakım ya da vaaz verme armağanları daha güçlü olabilir. Nitekim kiliseler tam da bu sebeple onları tam zamanlı hizmet etmeleri için işe almıştır.

Ama sırf maaşlı bir pastörün daha fazla zamanı, eğitimi ya da armağanı var diye, mantıken (ya da Kutsal Kitap'a göre) gönüllü ihtiyar daha az gerçek bir pastör olmaz. Gönüllü itfaiyeciler ve maaşlı itfaiyeciler aynı alevlerle karşı karşıya gelir. Gönüllü ihtiyarların ilgilendiği çobanlık meseleleri de maaşlı pastörlerinkiyle aynıdır. Gönüllü ihtiyarlar maaşlı pastörleri "eşitler arasında birinci" olarak görüp onurlandırabilirler[6] ama gönüllü ihtiyarlar hâlâ onlarla eşit olmaya devam eder.

DEVRİMCİ BİR MODEL

Tüm bunların ışığında ihtiyarın iş tanımını özetleyecek olursak, basitçe şöyle diyebiliriz: "Sürüye çobanlık etmek." Eğer bu kitaptan tek bir şey hatırlayacaksanız, o şu olsun: İhtiyarlar pastör/çobandırlar ve başlıca işleri kilise üyelerini, çobanların koyunlarını güttüğü gibi gütmektir. Daha net olmak gerekirse, ihtiyarlar *İyi Çoban*'ın koyunlarını güderek O'na hizmet eden ast-çobanlardır.

---

[6] Bu kavramla ilgili faydalı bir değerlendirme için bkz. Alexander Strauch, *Biblical Eldership: An Urgent Call to Restore Biblical Church Leadership* (Littleton, CO: Lewis and Roth, 1995), 45–50.

Peki "çobanlık etmek" neleri kapsar? Eylemde bu nasıl görünür? Gelecek olan bölümler çobanlığın çeşitli boyutlarını inceleyecek. Öğretme, önderlik etme ve dua etme hakkında konuşacağız.

Ama çobanlığın "nasıl yapılır" bölümüne geçmeden önce, "çoban olarak ihtiyarlık" modelinin kapsamlı iki doğal sonucuna bakacağız. İhtiyarların sadece vakıf yöneticileri değil, pastör olduklarını tam olarak anlamak, ihtiyarlık hizmetimizi en az iki önemli yoldan devrim niteliğinde etkiler.

KOYUN KOKUN

İhtiyar çobanlığının devrim niteliğindeki ilk doğal sonucu, ihtiyarların *kilise üyeleriyle ilişkiler* kurmaları gerekliliğidir.

Bir an durun ve gerçek bir çoban düşünün. Belki gerçekte veya filmde, bizzat bir kırda iş başındaki bir çobanı görmüşsünüzdür. Ya da belki hiç görmemişsinizdir ama Kutsal Kitap'ta onlar hakkında okuduğunuz şeylerden aklınızda bir resim oluşmuştur. Ne görüyorsunuz? İrlandalı bir çiftçinin sürüsünü yemyeşil çayırlara götürüşünü mü? Çoban yeleği giyen bir Bedevinin elindeki değnekle bir kuzuyu ağıla sokmaya çalışmasını mı? Belki de 23. Mezmur'u hatırlıyor ve koyunlarını yeşil çayırlarda yatıran, dingin sulardan içiren bir çobanı hayal ediyorsunuz.

Ne hayal ediyor olursak olalım, muhtemelen zihnimizde gördüğümüz resimlerde en az bir tane ortak unsur olmalı. Hepsinde, çobanı koyunlarının *arasında* hayal ederiz. Koyunlarından uzakta bir yerde değildir. Hayvanların arasında yürür, onlara dokunur, onlarla konuşur. Onları tanır çünkü onlarla birlikte yaşar. Hatta sonuç olarak, kendisi dahi koyun kokar.

Belki gerçek çobanları hayal etmek yerine sadece İsa'yı düşünebilirsiniz. Müjde kitaplarında İsa'nın devamlı insanların *arasında* olduğunu görürüz. Tek başına dua ettiği istisnalar dışında İsa tüm zamanını öğrencileriyle ve kalabalıklarla geçirmiş gibidir. Gittiği her yerde insanlara dokunmuş, öğretmiş ve onları eğitmiştir. İyi Çoban sadece koyunları için yaşamını feda etmemiş, yaşamını onlarla geçirmiştir.

Tıpkı sürüsünün arasında yaşayan ve koyunlarını tanıyan gerçek çobanlar gibi ve İsa'nın öğrencileriyle olan ilişkilerine kendini verdiği gibi, ihtiyarların da yaşamlarını kilise üyeleriyle paylaşması gerekir. İnsanları hizmetleri olarak görmelidirler. Aşağıdaki bölümler ihtiyarlığın çeşitli bileşenlerini ele alacaktır ancak hepsi ihtiyarların kardeşleriyle yakın ilişkiler içinde yaşadığını varsaymaktadır.

Bir örnek verelim: misafirperverlik. Son baktığımız bölümde gördüğümüz gibi, Pavlus'un iki gözetmen listesi de bu rolü üstlenmeyi isteyen kişinin misafirperver olmasını gerektirir (1.Ti. 3:2; Tit. 1:8). Neden misafirperverliğe böyle bir vurgu yapılıyor? Misafirperverlik sadece cömert bir yüreğin ve hizmetkâr bir tavrın değil, aynı zamanda gözetmen olmak isteyen kişinin gerçekten insanlarla olmak istediğinin ve onları yaşamına dahil etmenin yollarını aradığının da göstergesidir. Misafirperver bir adam, kilise onu ihtiyar olarak atadığı zaman muhtemelen insanların arasında olmayı isteyecektir.

Bunun aksine, ihtiyarı sadece kendisine bir görev emanet edilen birisi olarak düşünürseniz, onun insanların arasında olmasını gerektiren bir şey olmayacaktır. Sadece aylık toplantılara katılmaları, kuruldaki tartışmalara dahil olmaları, oy kullanmaları ve sonra görevlerini yerine getirdiklerine dair duygularla evlerine dönmeleri yeterli olacaktır. Eğer bir kilisede bu model hakimse, ihtiyarlar ellerini taşın altına koyup, örneğin on dört aydır işsiz olan moralsiz bir üyeye, bıraktıktan sonra tekrar eroin alma ayartısıyla savaşan bir kardeşe ya da inanmayan bir adamla ciddi bir ilişkiye başlayan ve bunda bir problem görmeyen bir kız kardeşe ne söylenmesi gerektiğini düşünmek zorunda kalmaz. "Tüm bu karışık işlerle ilgilenmesi için bir pastörü işe almadık mı?" diye düşünürler.

Evet, pastörü tam da bu işlerle ilgilenmesi için işe almış olabilirsiniz. Ama eğer gönüllü bir ihtiyarsanız, maaşlı görevlilerin yanında sürüye dalmanın ve yürekten bilfiil, bizzat pastörlük yapmanın vaktidir.

YANLIŞ KİŞİYİ SEÇTİNİZ!

İnsanlarla iç içe böyle bir iş yapmak gözünüzü korkutuyor mu?

Belki şöyle düşünüyorsunuz: "Benim insanlarla aram iyi değil. Benim sayılarla, bilgisayarlarla veya elektrikli aletlerle aram daha iyi. Ben içedönük biriyim. Bir kişilik testi çözdüm ve bunu kanıtladı. Dürüst olmak gerekirse, ben oldukça tuhaf biriyim."

Üyelerinizle bağlantı kurmak için dışadönük ya da parti adamı biri olmanız gerekmiyor. Sadece o insanları sevmeniz gerekiyor. Kilise ibadeti başlamadan önce o sessiz, yaşlı dul kadınla sohbet etmek için ilk adımı siz atın. Ya da ilişkilerinde problemler yaşayan bir çifti akşam yemeğine davet edin. Bir Kutsal Kitap çalışması başlatın ve toplulukla bağı daha zayıf olan üyeleri davet edin. İnsanlar gerçek sevgiyi ve ilgiyi gördüklerinde tanırlar, bunlar çekingen ya da biraz tuhaf bir paket içerisinde sunulsalar bile. Sevgi her türlü engeli aşar.

Belki söz konusu üyeleriniz arasında pastörlük hizmeti olduğunda, başka bir tereddüdünüz vardır. Belki insanların problemleriyle başa çıkamamaktan ve yardım etmeye yönelik yetersiz girişimler yüzünden işleri daha da kötü hale getirmekten korkuyorsunuz. Danışmanlık diplomanız ya da teoloji okulu eğitiminiz yok. Kimsiniz ki pastörü oynamaya başlayasınız?

Net olmak gerekirse, ihtiyar olmak isteyen herkesin bu istekten ötürü göreve uygun nitelikte olduğunu söylemiyorum. Uygun nitelikte olan adamların, insanların yaşamlarındaki zorlukları çözemeyeceklerinden korkarak kendi kendilerini gereksiz yere diskalifiye etmemeleri gerektiğini söylüyorum.

Büyük problemlerle karşı karşıya olan insanlarla ilgilenirken hatırlayabileceğiniz birkaç küçük düşünce:

• Tanrı ihtiyarlığı Söz'üyle tesis etti ve O ne yaptığını biliyor.

• İsa sizin aracılığınızla çalışabilir.

• Çobanlık en başta insanların problemlerini çözmekle ilgili değildir (bunun hakkında daha fazlası aşağıda).

• Muhtemelen paylaşabileceğiniz Kutsal Kitap bilgeliği sahip olduğunuzu düşündüğünüzden daha fazladır.

• İsa'dan ve başkalarından her zaman yardım isteyebilirsiniz.

GEÇİŞİ YAVAŞÇA YAPMAK

Otuz kadar yıl önce hizmet ettiğim bir Baptist kilise, bir Presbiteryen adamdan baş pastör olmasını istemişti. Bu adam büyük kalabalıkları kendine çeken ve Müjde'yle birçok yaşamı değiştiren, açıklama yeteneği güçlü bir konuşmacıydı. Ama ayrılışından yıllar sonra bile kilisemizi bereketlemeye devam eden bir başka şey daha yapmıştı. Topluluğumuza ihtiyar yönetim modelini benimsemede önderlik etti.

Ben bu kiliseye geldiğim sırada, on yıldan fazladır görev yapan ihtiyarlar vardı. Ama Kutsal Kitap'a dayalı ihtiyarlığı daha ciddi bir şekilde çalışmaya başladığımızda, ihtiyarlık işimizi dengeli bir şekilde yapmadığımızı fark ettik. Enerjimizin büyük kısmını vakıf yöneticisi gibi harcıyor ve insanlara pastörlük yapmakla daha az ilgileniyorduk. Bu yüzden yavaşça çobanlığa daha fazla ilgi göstermeye başladık. Hâlâ aylık toplantılarımız oluyor ve vakıf yöneticiliğine benzer işler yapıyoruz. Çünkü bu ihtiyarlık rolünün ve kilise yaşamının bir parçasıdır. Ama aynı zamanda, kilise üyeleriyle daha fazla zaman geçirmeye gayret etmekteyiz.

Örneğin, bir yıldan daha fazla bir süre önce, giderek genişlemekte olan kilise üyeleri listemizi ihtiyarlar arasında paylaştırdık ve listemizdeki her bir üyeye en az yılda bir kez ulaşma hedefi koyduk. Bu küçük bir adımdı, hızlı bir çare gibiydi. Ama bu küçük adım bile hemen meyve vermeye başladı. Üyeler buna yalnızca takdir göstermekle kalmadı, aynı zamanda yaşamlarını ihtiyarlarla daha fazla paylaşmaya başladılar. İhtiyarlar bu tür bir pastörlük hizmetini zorlayıcı ancak aynı zamanda da son derece ödüllendirici buldu. Ek olarak, büyüyen bir topluluğun yükünü taşımaya yardımcı olan daha geniş bir ekibimizin olması beni rahatlatmıştı.

Hâlâ gidecek çok yolumuz var. Ama ihtiyarlarımız giderek daha fazla koyun kokuyorlar.

AMAÇ NE?

Özetleyelim: İhtiyarlar aynı zamanda pastörler ya da "çobanlar"dır. Çobanlık benzetmesi, ihtiyarlık hizmeti için önemli imalar taşır. İlk olarak, ihtiyarlık işinin öncelikle kilise üyeleriyle olan ilişkilerde gerçekleştiğini gösterir. İhtiyarlık, programlardan çok insanlarla ilgilidir.

Ama çobanlık tasviri bize sadece ihtiyarın işinin *nerede* yapıldığını değil (yani, ilişkilerde), aynı zamanda *neden* yapıldığını da gösterir. İhtiyarlar neden üyelerle zaman geçirip onlarla yaşamı paylaşmalıdırlar? Bununla neyi başarmaya çalışıyorlar? Amaç sadece kilisede daha arkadaşça ya da aile gibi bir hava oluşturmak mı?

Çobanlık modelinin devrim niteliğindeki ikinci bir iması da şudur: ihtiyarlar *kilise üyelerini Hristiyan olgunluğunda geliştirme* amacıyla hizmet ederler.

Çobanı tekrar gözünüzün önüne getirin. Koyunlarının arasında onu her gün yaptığı şeyleri yaparken düşünün:

sürüyü besliyor, vadi boyunca onları yönlendiriyor, vahşi hayvanlardan koruyor, yaralı bir bacakla ilgileniyor ya da sürüden ayrılan bir koyunun izini arıyor. Çoban tüm bunları neden yapar? Amacı ya da hedefi nedir? Koyunları olgunlaştırmaktır. Her gün yaptığı tüm bu işlerin amacı sağlıklı, tamamen gelişmiş ve çoğalabilecek koyunlar yetiştirmektir.

İhtiyarların hedefi de buna benzer değil mi? İhtiyarlar kilise üyeleriyle olan ilişkilerinde çaba göstererek onların İsa'da büyümelerine yardımcı olurlar. Gözetmenler kardeşlerinin İsa'yı daha yakından tanımaları, O'na daha sadık bir şekilde itaat etmeleri ve hem özel yaşamlarında hem de kilise ailesinde O'nun karakterini daha belirgin bir şekilde yansıtmaları için öğretir, dua eder ve hizmet ederler. Dahası, sağlıklı ve olgun imanlılar Müjde'yi başkalarıyla paylaşarak ve onların Mesih'te büyümelerine yardımcı olarak ruhsal anlamda çoğalırlar.

Pavlus, pastörlük hizmetinin hedefi olarak olgunluğu açıkça dile getirir:

> Kendisi [İsa] kimini elçi, kimini peygamber, kimini müjdeci, kimini önder ve öğretmen atadı. Öyle ki, kutsallar hizmet görevini yapmak ve Mesih'in bedenini geliştirmek üzere donatılsın. Sonunda hepimiz imanda ve Tanrı Oğlu'nu tanımada birliğe, yetkinliğe, Mesih doluluğundaki olgunluk düzeyine erişeceğiz. (Ef. 4:11–13)

KİLİSE İHTİYARLARI

İhtiyarlar görevlerini iyi bir şekilde yerine getirdiklerinde imanlılar "öteye beriye sürüklenen çocuklar" olmaz, bunun yerine "bedenin başı olan Mesih'e doğru her yönden" büyürler (14-15. ayetler). İhtiyarlar Pavlus'la birlikte şöyle demeye gayret etmelidirler: "Her insanı Mesih'te yetkinleşmiş olarak Tanrı'ya sunmak için herkesi uyararak ve herkesi tam bir bilgelikle eğiterek Mesih'i tanıtıyoruz" (Kol. 1:28).

ÇARKLARI DÖNDÜRMEK

Bu çobanlık zihniyetini şimdi vakıf yöneticisi gibi yapılan ihtiyarlıkla bir kez daha karşılaştırın. İhtiyarlar kendilerini öncelikli olarak bir vakfın mütevelli heyeti gibi görürlerse, amaçlarının kilisenin organizasyonel işlerini yönetmek olduğunu düşünürler. "Başarı" da muhtemelen borçta olunmadığından emin olmak, fiziksel olanakları sürdürmek ve yüksek kaliteli, bol katılımlı programlar ve etkinliklere arka çıkmak anlamına gelir. Vakıf yöneticisi zihniyetindeki ihtiyarlar, üyeleri olgunlaştırmaktan ziyade çarkları döndürmeye odaklanırlar.

Kilisenin organizasyonel altyapısının (bütçeler, süreçler, programlar, fiziksel olanaklar, personel) *önemli* olduğunu daha önce belirtmiştik. Etkili idare bir hizmettir ve kendi başına bir armağandır çünkü tüm vücuda hizmet eder ve çobanlık yapabilmeleri için ihtiyarlara özgürlük açar. Organizasyona azıcık dikkat kesilmek, Eski Antlaşma'da Musa'nın ve Yeni Antlaşma'da da elçilerin çağrılarını yerine getirebilmelerine yardımcı olmuş ve sonucunda Tanrı'nın halkına bereket olmuştur (Çık. 18:13-27; Elç. 6:1-7). İlişkilere odaklı çobanlar olsalar da ihtiyarlar, kilisenin organizasyonel altyapısını idare etmenin genel sorumluluğunu taşırlar.

Ama kilit nokta şudur: Organizasyonun her zaman organizmaya hizmet etmesi gerekir. Programlar ve süreçler en iyi hallerinde, Mesih'te birbirimizi olgunlaştırma görevini başarmak için gereken araçları sağlarlar.

Benim tecrübeme göre ihtiyarların dikkati kolayca üyeler yerine çarklara, asma yerine çardağa kayabiliyor.[7] Konuşmaları ve gayretleri insanların gelişiminden çok idari işlerin detaylarına odaklanabiliyor. Bunun sebebinden tam olarak emin değilim. Belki programlar ve ilkeler düz bir mantıkla planlanabilen ve uygulanabilen şeylerken, insanların Mesih'te büyümesine yardımcı olma işi karışık, doğrusal olmayan ve yavaş bir iş olduğundandır. İnsanlara çobanlık yapmak bu yaşamda asla tamamen başaramayacağımız ve kontrol edemeyeceğimiz bir iştir.

İhtiyarlar giderek daha fazla idari işlerle ilgilenen yöneticiler olmaya karşı direnerek bunun yerine devamlı topluluğu İsa'da olgunlaşma hedefine yönlendirmelidirler. Buna yardımcı olmak için önünüzdeki ilk ihtiyar toplantısında, üzerinde konuşmak için gündeminize şunlar gibi birkaç soru ekleyin:

• Topluluğumuz İsa'yı en çok hangi yönlerden yansıtıyor?

• Hangi yönlerden O'nu yansıtmıyoruz?

---

[7] Bkz. Colin Marshall ve Tony Payne, *The Trellis and the Vine: The Ministry Mind-Shift That Changes Everything* (Kingsford, NSW, Australia: Matthias Media, 2009).

KİLİSE İHTİYARLARI

• İhtiyarlar olarak kilisede çözmek için girişimde bulunabileceğimiz çözülmemiş çatışmalar var mı?

• Açıkça günaha düşmüş olan ya da kilisedeki her zamanki paydaşlığından uzaklaşmış olan üyeler var mı? Onlarla konuşan kim var?

• Üyelerimizin önümüzdeki yılda Kutsal Kitap'a dayanan hangi kitapları ya da teolojik öğretileri çalışması gerekiyor? Neden?

• Üyelerimiz başkalarına nasıl müjdeleyeceklerini ve öğrenci yetiştireceklerini biliyorlar mı? Bunu yapıyorlar mı?

• Dua eden bir kilise miyiz?

ÇOBAN YELEĞİNİ DEVRETMEK

İsa göğe yükseldiğinde, takipçilerine şu son talimatları verdi:

Gidin, bütün ulusları öğrencilerim olarak yetiştirin; onları Baba, Oğul ve Kutsal Ruh'un adıyla vaftiz edin; size buyurduğum her şeye uymayı onlara öğretin. İşte ben, dünyanın sonuna dek her an sizinle birlikteyim. (Mat. 28:19–20)

İsa öğrencilerine kendisinin son birkaç yılda yaptığı şeyleri yapmalarını söyledi. Öğrencilerini topladı, onları ayırdı ve buyruklarını öğreterek büyümelerini sağladı. İyi Çoban sadece canını o koyunlar için vermekle kalmadı, aynı zamanda onların arasında yaşadı ve onları dönüştürdü. İsa öğrenciler yetiştirdi; O'nu seven, dinleyen ve başkalarına O'ndan bahseden insanlar yetiştirdi.

İsa şimdi bu öğrencileri başka öğrenciler yetiştirmeleri için gönderiyordu. Elçiler İsa'nın çoban yeleğini kendi üzerlerine giyerek daha fazla Mesih takipçisi çağıracak, onları kiliselere toplayacak ve öğretileriyle onların büyümesine yardımcı olacaklardı.

Elçiler bu yerel öğrenci topluluklarını bir araya getirdikten sonra, onlar da bu ilişkisel, olgunluk odaklı pastörlük yeleğini devrettiler. Peki kime devrettiler?

Kilise ihtiyarlarına!

3

SÖZ'Ü SUNUN

Sanırım ihtiyarlar şok olmuşlardı.

Önümüzdeki yıl için olan hedefleri konuşmak ve gözetmenlerin Kutsal Kitap'taki iş tanımını tekrar gözden geçirmek için her yıl yaptığımız ihtiyar çekilmemizde bir araya geldik. Öğretme konusu açıldığında, bir meydan okumada bulundum: "Bu yıl iki ihtiyarın Pazar sabahı toplantılarında vaaz vermesini istiyorum."

Maaşsız ihtiyarlar bazı başka günlerde vaaz verseler de, kilisemiz her zaman Pazar sabahı vaazlarını maaşlı pastörlere bırakırdı. Maaşsız ihtiyarların vaaz vermesi sadece acil durumlarda olan bir şeydi. Bu yüzden ihtiyarların meydan okumama gözlerini kocaman açarak ve küçük gergin kıkırdamalarla karşılık vermelerine şaşırmamıştım.

Ama kimseyi kışkırtmaya çalışmıyordum. Sadece onları Kutsal Kitap'ın Söz'ü öğretmeye yönelik çağrısına yönlendirmek istedim. Eğer ihtiyarlar İsa'nın koyunlarına çobanlık ediyorlarsa, o zaman en temel görevleri kilise üyelerinin canlarını Kutsal Yazılar'la beslemekti. Yiyecek olmadan koyunlar zayıf düşer ve ölürler. Kutsal Kitap öğretişiyle düzenli olarak beslenmeyen Hristiyanlar da ruhsal olarak açlık çekerler.

Söz'ü Sunun

Yerel kilisede ihtiyarları diğer kişilerden ayıran en belirgin görev öğretme görevi sayılabilir. 1. bölümde uygun nitelikteki ihtiyarların öğretebilmesi gerektiğini görmüştük (1.Ti. 3:2). Pavlus'un 1. Timoteos 3. bölümde ihtiyar ve gözetmenlerin niteliklerini sıraladığı listeler oldukça benzerdir ancak şu belirgin istisnayı fark etmek önemlidir: İhtiyarların Söz'ü öğretebilmesi gerekirken, diyakonlar için böyle bir gereklilik söz konusu değildir. Hem ihtiyarlar hem de diyakonlar Mesih benzeri karakterde olmalıdırlar ama sadece ihtiyarların Kutsal Kitap'ı açıklama ve uygulamada beceri gösterebilmeleri gereklidir.

2. bölümde, ihtiyarların pastörler ya da çobanlar oldukları gerçeği üzerinde düşünmüştük. Pavlus, İsa tarafından kiliseye armağan edilen çeşitli rolleri sıralarken pastörlüğü öğretmeyle birlikte anar: "Kendisi kimini elçi, kimini peygamber, kimini müjdeci, kimini önder ve öğretmen atadı" (Ef. 4:11).

Burada iki şeyi fark edin. Öncelikle bu görevleri üstlenen tüm kişiler Tanrı'nın Sözü'nü iletiyorlar. Elçiler, İsa'nın sözlerini ve eylemlerini duyuran ve yazıya geçiren görgü tanıklarıdırlar. Peygamberler Rab'bin sözlerini doğrudan aktarırlar. Müjdeciler Müjde'yi duyururlar. Benzer şekilde, pastörler de yerel kiliselerde öğretirler. Bu, dikkatimizi ikinci bir saptamaya çekiyor: 11. ayette *pastör* ve *öğretmen* sözcükleri birlikte anılıyor. Cümlenin orijinal Grekçesinde tek bir belirli tanımlık iki ismi de içine alıyor, dolayısıyla iki ismin birbirini nitelediğine işaret ediyor. Bu yüzden de "pastörler ve öğretmenler" iki değil, tek bir rolü, "pastör-öğretmen" rolünü ifade ediyor.

KİLİSE İHTİYARLARI

TANRI, SÖZÜ ARACILIĞIYLA YÖNETİR

Tanrı'nın ihtiyarlardan halkına öğretmelerini istemesi bizi şaşırtmamalıdır. Tanrı kendi halkını Sözü'yle yönetir. Dolayısıyla Tanrı halkının önderlerine her zaman Tanrı'nın Sözü'nü iletme sorumluluğu verilmiştir.

Tanrı İbrahim'e, İshak'a ve Yakup'a vaatlerde bulundu ve onlar da halklarını bu vaatlere güvenmeye ve Tanrı'yı dinlemeye yönelttiler. Tanrı antlaşma sözlerini Musa'ya verdi ve Musa onları İsrail'e öğretti (Yas. 4:1). Musa İsrail'deki babalara, çocuklarına Yasa'yı öğreterek çobanlık yapmalarını buyurdu (Yas. 4:9; 6:4-25). Bu buyruk kilisedeki imanlı babalar için de tekrarlandı (Ef. 6:4). İsrail'deki kâhinler sadece kurbanlar sunmakla kalmayıp, aynı zamanda insanlara Tanrı'nın hükümlerini öğrettiler (Lev. 10:10-11; 2.Ta. 15:3; 17:7-9). Tanrı'nın halkını yönlendirmek ve düzeltmek için gönderdiği peygamberlerin ağzında şu sözler vardı: "Böyle diyor Rab." İsrail kralından bile Tanrı'nın Yasası'nın ciddi bir öğrencisi olması beklenmişti (Yas. 17:18-20).

Sonra İsa geldi. İyi Çobanımız her şeyden önce güçlü bir vaizdi. Kalabalıkları gördüğünde, "onlara acıdı. Çünkü çobansız koyunlar gibi şaşkın ve perişandılar." İsa onların bir çobana duydukları ihtiyacı karşılamak için ne yaptı? "Onlara birçok konuda öğretmeye başladı" (Mar. 6:34). Dört Müjde kitabı İsa'nın benzetmeleri, yorumları, uyarıları ve diyaloglarıyla doludur. İsa beden almış Söz'dür (Yu. 1:1, 14), Eski Antlaşma'nın tüm sözlerini yerine getirmiştir (Mat. 5:17; Luk. 24:25-27, 44-47) ve halka olan hizmeti aracılığıyla Tanrı'nın Sözü'nü dünyaya dökmüştür.

Söz'ü Sunun

Dirilişinden sonra İsa, öğretme ve duyurma hizmetini elçilere devretti (Mat. 28:19-20). Müjde kitaplarının İsa'nın öğrettikleriyle dolu olması gibi, Elçilerin İşleri ve mektuplar da elçilerin öğrettikleriyle doludur. Elçiler vaazları aracılığıyla öğrenciler yetiştirir ve bu öğrencileri kiliselerde toplarken, her bir kilise için ihtiyarlar atadılar ve elçisel öğretiyi onlara emanet ettiler (Elç. 14:23).

Bir an durup hayranlıkla şunu düşünün: İsa diridir. Göklerde hükmediyor ve kiliseniz üzerinde hüküm sürüyor. Bu kral yetkisini kilisenizde Kutsal Yazılar aracılığıyla uyguluyor. İsa'nın tebaası, O'na bugün Kutsal Yazılar'a uyarak itaat ediyor. Dolayısıyla eğer bir ihtiyarsanız, sadakatle Söz'ü öğrettiğiniz zaman İsa da egemen biçimde tebaasına sizin öğretişiniz aracılığıyla hizmet ediyor.

ÖĞRETMEYE KATILMAK

Uygulama açısından bunun ihtiyarlar için anlamı nedir? İhtiyarın iş tanımı açısından neyi ima eder? Ben iki şeyi ima ettiğine inanıyorum. Bunlardan ilki zaten açık olmalı: İhtiyarlar kilisenin öğretme hizmetine *katılmak* zorundadırlar. Eğer ihtiyarsanız, Kutsal Kitap'ı açıklamakla meşgul olmanız gerekiyor.

Ama ihtiyarlar genelde öğretmekten çekiniyorlar. Söz'ü öğretmeye yetkin olan ihtiyarlar bile öğretme fırsatları karşılarına çıkınca geride duruyorlar. Bunun birçok sebebi var ama en yaygın olanı yetersizlik hissi. Gönüllü ihtiyarlar kendi doğal yeteneklerini, öğretme tecrübelerini ve teolojik eğitimlerini maaşlı pastörleriyle kıyaslıyorlar ve bu yüzden bazen kendi teşviklerini kırıyorlar. "Profesyoneller görevlendirilmişken, kilise üyeleri neden benim gibi bir amatörden dinlemek istesin?" diye düşünüyorlar. Ayrıca gönüllü gözetmenlerin genelde kilise dışında çokça zaman harcadıkları kendi işleri olduğundan, ders hazırlamak için pek vakitleri olmuyor. Hangi çoban koyunlarını iyi pişmemiş bir yemekle beslemek ister?

Ama eğer ihtiyarsanız, aynı zamanda öğretmensiniz. Bu yüzden korkuların ve hayal kırıklıklarının sizi öğretmekten alıkoymasına izin vermeyin. Bunun yerine şevkli olun, yeteneklerinizi ve kaynaklarınızı elinizden gelen en iyi şekilde kullanarak çağrınızı gerçekleştirin.

Öğretme işinin çok çeşitli alanlarda yapılabileceği gerçeği size teşvik olsun. Öğretme sadece Pazar sabahı vaazıyla sınırlı bir şey değildir. İhtiyarlar sürüyü kalabalık toplantılarda da, az kişinin olduğu daha samimi ortamlarda da besleyebilirler. Pazar okulu sınıfı, ev grubu, çocuklar için Tatil Kutsal Kitap Okulu ya da birebir akıl hocalığı için Kutsal Kitap'ı açabilirsiniz. Kilisenin her yerinde öğretmeye yönelik ihtiyaçları gözleyin ve yardım etmek için öne atılın.

Bizim topluluğumuzda Kamboçyalı küçük bir grup var. 1981 ile 1982 yılları arasındaki Kamboçya mülteci krizi sırasında, üyelerimizden bazıları onların Birleşik Devletler'e gelmeleri için önayak olmuştu. Mültecilerden birçoğu iman etti ve kilise üyesi oldu. Kamboçyalılar için Kmerce dilinde verilen Pazar okulu dersini alıyorlardı. İhtiyarların yıllar boyunca bir tercüman aracılığıyla bu dersi öğretmeleri beni çok etkiledi. İhtiyarlar bu ihtiyacı gördüler ve sürüyü beslemek için kültürel ve dilsel engelleri aştılar.

Söz'ü Sunun

Öğretme armağanının kişiden kişiye değişen çeşitli güçlerde ve şekillerde geldiği gerçeğinden de teşvik alın. Eğer kırk beş dakika boyunca bir kalabalığın tüm dikkatini odaklama yeteneğiniz yoksa, bu öğretmeye yönelik çağrınızdan tamamen vazgeçmenizi gerektirmez. Verimsiz kıyaslamalara son verin ve Tanrı'nın size verdiği armağanları, yaşam tecrübelerini ve kişiliği nasıl kullanacağınızı keşfedin.

Benim kilisemin bir üyesi olan Michael, yıllardır günahlı bağımlılıklara tutsak olmuş erkek kardeşlere kalbinde özel bir sevgi duyuyordu çünkü İsa onu bağımlılığın suçluluk duygusundan ve gücünden kurtarmıştı. Bu yüzden "bağımlılıklar" temalı bir Kutsal Kitap çalışması başlattı. Evet, bu bir Kutsal Kitap çalışmasıydı. Michael bir rehabilitasyon programı kullanmamıştı. Sadece Kutsal Kitap'ı öğretmişti. Ama yaşam tecrübesi ve şefkati sayesinde, bağımlılıkla mücadele eden erkeklerle benim her Pazar verdiğim vaazdan daha etkili bir şekilde bağlantı kurmuştu. Michael bir ihtiyar bile değildi ama onun örneği bize Tanrı'nın çeşitli yaşam tecrübelerini nasıl Sözü'nü öğretmek için kullandığını göstermişti.

Son olarak, Kutsal Kitap öğretmenlerinin zamanla daha çok gelişebilecekleri gerçeğinden teşvik alın. Her öğretmen Pavlus'un Timoteos'a olan talimatlarına uymalıdır:

> Ben yanına gelinceye dek kendini topluluğa Kutsal Yazılar'ı okumaya, öğüt vermeye, öğretmeye ada. Peygamberlik sözüyle, ihtiyarlar kurulunun ellerini senin üzerine koymasıyla sana verilen ve hâlâ sende olan ruhsal armağanı ihmal etme. Bu konuların üzerinde dur, kendini bunlara ver ki, ilerlediğini herkes görsün. (1.Ti. 4:13–15)

KİLİSE İHTİYARLARI

Tanrı öğretmenlerini mükemmelliğe değil, ilerleme göstermeye çağırıyor. Kendinizi diğer öğretmenlerle kıyaslamayın; bunun yerine, öğretişinizi geçen yılki ya da beş yıl önceki performansınızla kıyaslayın ve ne kadar geliştiğinize bakın. "Bu konuların" (Kutsal Yazıları'ı okuma, öğüt verme ve öğretme) üzerinde durduğumuzda ve kendimizi "bunlara" verdiğimizde, ilerleme kaydederiz.

Bu yüzden öğretme fırsatlarını değerlendirin. Eğer kilisenizde teolojik eğitim almış kişiler varsa, bilgi eksiğiniz olan yerleri güçlendirmek için kitap tavsiyeleri isteyin. Diğer öğretmenlerden ve ihtiyarlardan derslerinizi dinlemelerini ve size geribildirimde bulunmalarını isteyin.

Eğer her zaman vaaz veren pastörünüz bir Pazar sabahında sizden vaaz vermenizi isterse, bu riski alın ve "Evet!" deyin.

ÖĞRETİŞİ KORUMAK

İhtiyarın öğretme işinin ikinci bir boyutu daha var. Gözetmenler sadece öğretme hizmetine katılmakla kalmamalı, aynı zamanda kiliseyi yanlış öğretilerden korumalıdırlar. Doktrin konusunda hem hücum hem de defansta oynamalıdırlar, "hem başkalarını sağlam öğretiyle yüreklendirmek, hem de karşı çıkanları ikna edebilmek için imanlılara öğretilen güvenilir söze sımsıkı sarılmalı"dırlar (Tit. 1:9).

Avcılar koyunları avlar. Çobanlar aslanları ve kurtları nasıl sürüden uzak tutuyorsa, ihtiyarların da yanlış şeyler öğreten öğretmenleri uzakta tutması gerekir. Pavlus Efes'teki ihtiyarları bu konuda şöyle uyarmıştı:

Ben gittikten sonra sürüyü esirgemeyen yırtıcı kurtların aranıza gireceğini biliyorum. Hatta öğrencileri kendi peşlerinden sürüklemek için sizin aranızdan da sapık sözler söyleyen kişiler çıkacak. Bunun için uyanık durun. Üç yıl boyunca, aralıksız, gece gündüz demeden, gözyaşı dökerek her birinizi nasıl uyardığımı hatırlayın. (Elç. 20:29-31)

Pavlus Efes'teki yanlış öğretilerle ilgili özellikle kaygılanıyor olmalıydı çünkü oradaki kiliseye olan mektubunda, imanlıların gelişebilmesi ve yanlış öğretilerin baskılarına ya da çekiciliğine karşı koyabilmesi için pastörel öğretme hizmetinin önemini bir kez daha vurgulamıştı. Öğretme doğru yapıldığında, şu ayette yazan gerçekleşir: "Böylece artık insanların kurnazlığıyla, aldatıcı düzenler kurmaktaki becerileriyle, her öğretinin rüzgarıyla çalkalanıp öteye beriye sürüklenen çocuklar olmayacağız" (Ef. 4:14).

Dikkatli Olma Yolunda Stratejiler

Yanlış öğretilere karşı koymak için uyanık olmak gerekir. İhtiyarların Müjde'yi bozacak ya da Kutsal Kitap'ı çarpıtacak insanlara ve fikirlere karşı tetikte olmaları gerekir. Sürünüze göz kulak olmak için uygulayabileceğiniz üç strateji şunlardır:

KİLİSE İHTİYARLARI

Bağlamınızı Bilmek

Ruhsal çevrenizi inceleyerek başlayın. Yaşadığınız toplumda aktif olan inançlara, felsefelere ve dinlere aşina olun. Topluluğunuz bölgenizdeki yaygın bir dinle düzenli olarak temas içinde mi? Şehrinizde güçlü bir etkiye sahip olan bir tarikat var mı? Bu grupların ana öğretilerine karşı, özellikle de Müjde'yle ve Kutsal Kitap gerçeğiyle çatıştıkları noktalara karşı dikkatli olun.

Peki ya ideolojiler? Laiklik, bireycilik, akılcılık ya da görelilik gibi düşünceler yaşadığınız yerdeki insanların düşüncelerini şekillendiriyor mu? Kilisenize gelen yerel halktan insanlar bu alternatif inançları ithal edebilir ve farkına bile varmadan kilisede bu inançların etkisiyle faaliyette olabilirler. Öğretilerinizde ve sohbetlerinizde bu dünya görüşlerini tespit etmeyi ihmal etmeyin.

Özellikle de yakınınızdaki kiliselerde ve hatta kendi kilisenizde bulunabilecek Müjde'yi bozan öğretilere karşı uyanık olun. Bunlar refah müjdesinden açık teizme, yasacılıktan teolojik liberalizme kadar çok çeşitli olabilirler. Civarda Müjde'nin sulandırılmış bir versiyonuna ya da sahte müjde gibi öğretilere takipçiler çeken karizmatik kişilikler var mı? Tüm bu öğretiler koyunlarınıza zarar verebilir.

Editörün notu: Açık teizm (open theism), Tanrı'nın geleceği her bir detayına kadar bilmediğini çünkü her şeyi ezelden belirlemediğini, böyle olması durumunda insan iradesinin özgür olamayacağını savunan teolojidir. Açık teizm görüşüne göre gelecek açıktır ve Tanrı gelecekteki bazı olayları tahmin edebilse bile, bu olayları ancak onlar vuku buldukça kesin olarak bilebilmektedir.

Söz'ü Sunun

Üyelik Süreçlerini Takip Edin

Yaşadığınız yerin yerel kültürünün ufuklarına bakarken, ağılınızın ön kapısını izlemeyi unutmayın. Kilisenize kimler katılıyor? Yeni üyeler kilisenizin ne öğrettiğini biliyor mu? Bu öğretilere katılıyorlar mı? Emin misiniz?

Amaçlı bir üyelik süreci yürütmek, kilisenizi yanlış öğretilere karşı korumanın etkili bir yoludur. Üye adayları kilisenize katılmadan önce orada ne öğretildiğini bilmelidir. İhtiyarlarım ve ben yıllar içerisinde kilisemizin teolojik farklılıklarının bazılarının insanlar tarafından diğerleri kadar kolay sindirilmediğini gördük. Bu farklılıklar imanlının vaftizi, Reform teolojisi ve erkeklerin ihtiyarlığı konularıdır. Bu yüzden üyeliğe hazırlık derslerimizde daha tartışmalı olabilecek bu inançları özellikle dile getirdik. Eğer dersi alan birisi bu inançlardan dolayı üyelikten vazgeçer ve kiliseden ayrılırsa, ona uzun vadede bir iyilik yapmış oluyoruz.

Üye adaylarının neye inandıklarını da öğrenmeniz gerekir. Kilise üyesi olmak isteyenlerle ihtiyarlar arasında görüşmeler ayarlayabilirsiniz. İnsanlara kilisenin doktrinsel görüşlerini anlayıp anlamadıklarını ve bunlara katılıp katılmadıklarını doğrudan sorun. Bazı kiliseler yeni üyelerden kilisenin doktrinsel bildirisini imzalamalarını ve böylece topluluğun teolojik bağlılıklarını onaylamalarını bile isterler.

Söylemeye gerek yok ama yine de söyleyeyim: Üye olmayanların topluluğunuzda düzenli bir öğretme rolünde bulunmalarına asla izin vermeyin.

KİLİSE İHTİYARLARI

Hizmetlerinizi Denetleyin

Kilisenizde ne öğretiliyor? İhtiyar ayrıcalıklarınızı kullanarak bir gençlik grubu konuşmasını dinleyin ya da bir kadınlar etkinliğinde arkada oturup gözlemleyin. Bazı haftalar Pazar okuluna yardım edin. Topluluğunuz ne tür ruhsal besinler alıyorlar? A kalite Müjde mi, yoksa çürük bir teoloji mi? Topluluğunuzun müziğini farkındalıkla dinleyin. Şarkı sözlerinin verdiği mesajlar Tanrı'yla, Müjde'yle ya da kurtuluşla ilgili ne öğretiyor? Müzikle söylenenler öğretinizi destekliyor mu, yoksa bozuyor mu?

Denetlemeyi en temel seviyede yapın. İyi çobanlık, ihtiyarların insanlara bizzat duyarlı olmalarıyla gerçekleşir. Ne okuyorlar? İnternetteki belli vaizleri takip ediyorlar mı? Üyeler kilisede heyecanla elden ele bir kitabı dolaştırıyorlarsa, o kitabı okumanız muhtemelen iyi olacaktır.

Eğer bir Kutsal Kitap çalışması önderi, Pazar okulu öğretmeni ya da ikna edici bir konuşmacının sağlam öğretiye zarar verdiğini görürseniz, onunla doğrudan konuşun. Durumun iltihap yapmasına izin vermeyin. Durum kendi başına daha iyi olmayacaktır. Elçiler en sert eleştirilerini yanlış şeyler öğreten öğretmenlere karşı yapmışlardı (2.Pe. 2; 2.Yu. 7-11; Yah. 5-11) ve İsa onlara uyan kiliselere sert uyarılarda bulunmuştu (Vah. 2:14-16, 20-23).

Gerçek Olanı Fark Etmek

İhtiyarların yanlış öğretilere karşı korunmak için yapabilecekleri en önemli şey belki de doğru Kutsal Kitap gerçeğini bilmektir. "Öğretilen güvenilir söze sımsıkı" sarılarak, "karşı çıkanları ikna edebilmek" mümkün olur (Tit. 1:9) Sapkınlıklar ve yarı doğrular çoktur ama gerçek bir tanedir. Kutsal Kitap'ı ne kadar iyi bilirseniz, en küçük yanlış öğretiyi bile o kadar kolay tespit edebilirsiniz.

Bir kilisede üyeler pastörün Müjde'den saptığını hissetmeye başlamıştı. Pastör akıllıydı ve önderlerden daha eğitimliydi. Görüşlerini Kutsal Yazılar'a dayanarak ispatlayabiliyor gibi görünüyordu. Ama daha üstün bir eğitime ve konuşma becerisine sahip olsa da, savunduğu yeni öğreti kilise önderlerinin içine sinmemişti. Belki pastörleriyle yapabilecekleri bir tartışmayı kazanamazlardı ya da hatta yanlışını noktası noktasına tespit edemezlerdi ama yine de pastörün öğretisinin önceden beri bildikleri güvenilir bildiriye uymadığını fark edebilmişlerdi. Pastörü bu durumla yüzleştirdiler ve pastör sonunda kiliseden ayrıldı.

Kilisenin öğretisini korumak için teoloji diploması gerekmez, cesaret ve iman gerekir.

ÖĞRETİYİ SÜRDÜRMEK

Bu bölüm ihtiyarlara sağlam öğretiye katılma ve onu koruma çağrısı yapmak içindi. Belki bunu zaten yapıyorsunuz. Hatta belki usta bir öğretmensiniz; en karmaşık teolojik düğümleri açabiliyor ve en çevik yanlış öğretmenleri bağlayabiliyorsunuz. Yine de öğretme hizmetinizle ilgili büyük bir problem varlığını sürdürüyor: Öleceksiniz.

Öldüğünüzde, Rab'bin lütfu sayesinde arkanızda iyi öğretiş almış birçok Hristiyan bırakacaksınız. Peki bu işi sürdürecek becerikli öğretmenler de bırakacak mısınız? Bir başka ifadeyle, başkalarını eğitmek için adımlar attınız mı? Kiliseye öğretme işinin bir parçası da, gelecekte görev yapacak pastör-öğretmenleri eğitmektir. Pavlus'un Timoteos'a söylediği gibi, "Birçok tanık önünde benden işittiğin sözleri, başkalarına da öğretmeye yeterli olacak güvenilir kişilere emanet et" (2.Ti. 2:2).

Kilisede öğretmen ya da ihtiyar potansiyeline sahip gibi görünen başka bir adam fark ettiniz mi? Teolojiyle ilgili okumak ya da Kutsal Kitap çalışması yapmak için onunla düzenli olarak buluşmayı düşünün. Belki evdeki Kutsal Kitap çalışmanızda ya da öğrettiğiniz Pazar okulu dersinde onu da yanınıza alıp çırak gibi öğretin. Ders hazırlama sürecine onu ortak edin, öğretmesine izin verin ve sonra ona geribildirimde bulunun. Sonra başa dönüp bu süreci tekrar uygulayın.

KEMERLERİ BAĞLAMAK

Kevin, Pazar sabahında vaaz vermeleri için yaptığım meydan okumayı kabul eden ihtiyarlardan biriydi. Bunu yapmaya başladıktan kısa bir süre sonra kendi şehrinde hizmet etmeyle ilgili içinde büyüyen bir istek olduğunu ve Tanrı'nın onu orada bir kilise başlatmaya çağırıp çağırmadığını merak ettiğini söyledi. Kevin o şehirde bir lisede öğretmenlik, izci koçluğu ve futbol koçluğu yapıyor. Orada abartısız yüzlerce insanı tanıyor. Orada kilise başlatmak için tam ideal birisi! Pazar sabahında gerçekten vaaz verebildiğini görmek, onun bu hayalini canlandırmış ve güçlendirmişti.

Bugün, Kevin bizim kilisede vaaz odaklı bir staj yapıyor. Simeon Trust'un verdiği online bir Kutsal Kitap açıklama dersini alıyor. Öğretmek ve geribildirimde almak için devamlı fırsatları değerlendiriyor. Sonraki adımlar ne olacak, kilise başlatma planı gerçekleşecek mi ya da verimli olacak mı bilmiyorum. Tüm bunlar Tanrı'nın ellerinde. Ama ben burada bir ihtiyarın öğretme çağrısına cevap verdiğini, bu konuda ilerleme kaydettiğini ve Müjde için daha büyük bir hayal kurmaya cesaret ettiğini görmekteyim.

4

YOLDAN SAPANLARI İZLEYİN

Bu, tüm kiliselerde çok sık görülen bir şey. Bir kilise üyesi Pazar sabahları toplantıya gelmez oluyor. Birisi bunu fark edene kadar önce birkaç hafta, sonra birkaç ay geçiyor. Büyük kiliselerde daha kolay olabilen bir şey ama küçük kiliselerde de olabiliyor.

Bizim topluluğumuzdakiler buna "boşluktan düşmek" diyor. Örneğin "Sally'i son günlerde gören oldu mu? Umarım boşluktan düşmemiştir" diyorlar. Ama bu gerçekten böyle mi oluyor? Gerçekten boşluktan düşmek gibi mi? Böyle bir tasvir, kiliseyi yerin çok üzerindeki bir ağaç ev gibi gösteriyor; sanki insanlar bir köprünün üzerinde, aralarında boşluk olan tahtalara basarak yürüyorlar. Bazen bir üye dikkat etmiyor, ayağı boşluğa giriyor ve kaşla göz arasında ortadan kayboluyor. Üyeler gerçekten kiliselerden böyle bir anda, kazara ve kimsenin fark edemeyeceği kadar hızlı bir şekilde mi düşüyorlar?

Ya "boşluktan düşmek" yerine farklı bir tasvir kullanırsak? Mesela "sürüden uzaklaşmak" dersek? Bu tasvir en az iki nedenden ötürü daha uygun gibi görünüyor. Öncelikle "sürüden uzaklaşmak", sürüyle bağlantısı kopmuş bir üyenin toplulukla birlikte kalmaya yönelik kişisel sorumluluğunu ima ediyor. Koyunlar normalde bir anda bir boşluğa düşüp de sürüyü bırakmazlar. Bir dizi farklı seçimler yaparak zaman içerisinde sürüden uzaklaşırlar.

İkinci olarak, sürüden uzaklaşan koyun tasvirinde birinin sürüyü gözetmesi ve bir koyun uzaklaşmaya başladığında harekete geçmesi gerektiği iması da vardır. Evet, kaybolmamak her üyenin kendi kişisel sorumluluğudur ama tüm kilise üyeleri aynı zamanda birbirini gözetme sorumluluğuna da sahiptir. Ancak sürüden uzaklaşan koyunları gözetme yükümlülüğü olan özel bir grup var: ihtiyarlar.

GÖZETMEK

3. bölümde ihtiyarların, topluluklarına yanlış öğretiler getiren "kurtların" girmemesi için dikkatli olmaları gerektiğini söylemiştik. Ama ihtiyarlar aynı zamanda istenmeyen bir başka şeye karşı da uyanık olmalıdırlar: üyelerin sürüden ve Tanrı'dan uzaklaşması. Bu, çobanlık işinin temel sorumluluklarındandır. Çobanlar koyunları besler, onları avcılara karşı korur ve gittikleri yerleri izlerler.

Yakup'un Lavan'ın sürüsünü izlerken ne çileler çektiğini hatırlıyor musunuz? Yakup Lavan'ın koyunlarını gözetmekten ve her bir hayvan için hesap vermekten ne kadar yorulduğunu yakınarak dile getirmişti. Bu yakınmasını okuyunca dikkatli, sorumluluk sahibi bir çobanlığın nasıl yapıldığını da biraz görüyoruz:

> Yirmi yıl yanında kaldım. Koyunların, keçilerin hiç düşük yapmadı. Sürülerinin içinden bir tek koç yemedim. Yabanıl hayvanların parçaladığını sana

göstermedim, zararını ben çektim. Gece ya da gündüz çalınan her hayvanın karşılığını benden istedin. Öyle bir durumdaydım ki, gündüz sıcak, gece kırağı yedi bitirdi beni. Gözüme uyku girmedi. (Yar. 31:38–40)

Bunun aksine Hezekiel, İsrail'in önderlerine karşı bir peygamberlikte bulunmuş ve onları ihmalkâr bir çobanlık yapmakla suçlamıştı: "Vay kendi kendini güden İsrail çobanlarına! Çobanların sürüyü gütmesi gerekmez mi?" (Hez. 34:2). Çobanlıklarında başarısız olmalarının bir nedeni de şuydu: "Yolunu şaşıranları geri getirmediniz, yitikleri aramadınız" (4. ayet). Bunun sonucunda, "Koyunlarım bütün dağlarda, yüksek tepelerde başıboş dolandılar. Koyunlarım yeryüzüne dağıldı. Onları ne arayan var, ne soran" (6. ayet).

Ama Tanrı, halkının kayıp koyunlarını aramak için bizzat kendisinin geleceğini duyurmuştu:

Egemen RAB şöyle diyor: Ben kendim koyunlarımı arayıp soracağım. Dağılmış koyunlarının arasındaki bir çoban sürüsüyle nasıl ilgilenirse, ben de koyunlarımla öyle ilgileneceğim. Bulutlu, karanlık bir gün dağılmış oldukları her yerden onları kurtaracağım. (Hez. 34:11–12)

Tanrı, İsa'da geldi ve kaybolan koyunlarını yeni bir sürüye topladı. İsa vergi görevlilerine ve günahkârlara kendi hizmetini açıklarken, kendini kaybolan bir koyununu aramak için "bulunmuş" doksan dokuz koyunu bırakan bir çobana benzetmişti (Lu. 15:1-7). Koyunları için canını vermekle kalmayan, aynı zamanda (Yahudi olmayanları kastederek) "diğer koyunları" da getiren iyi çoban olduğunu söylemişti (Yu. 10:14-16).

Kilise ihtiyarları burada bir kez daha resme dahil oluyor. İhtiyarlar, İsa ve Müjdesi tarafından kurtarılmış ve bir araya getirilmiş olan sürüleri gözeterek, İsa'nın ast-çobanları olarak hizmet ederler. İhtiyarlara "gözetmen" denmesi oldukça yerindedir. Çünkü onlar "canlarınız için hesap verecek kişiler olarak sizi kollarlar" (İbr. 13:17). Bu, ailenize iyi çobanlık etmenin ihtiyar olmanız için gerekli bir nitelik olmasının nedenlerinden biridir (bkz. 1. bölüm). İyi ebeveynlik yapmak, çocukları ve aile ilişkilerini dikkatle gözetmeyi gerektirir ve pastörlük de öyledir.

KİMDEN SORUMLUYUZ?

Gözetimle ilgili tüm bu konuşmalar önemli bir soruyu doğuruyor: İhtiyarların tam olarak kimi gözetmeleri gerekir? Eğer ihtiyarlar Yakup gibi hesap vermesi gereken çobanlarsa, o zaman Tanrı'nın önünde kimden sorumludurlar? Kilise ihtiyarları elbette her yerdeki her bir Hristiyan'dan sorumlu değildir. Dolayısıyla ihtiyarların sadece hizmet ettikleri kiliseye katılanları gözetmekten sorumlu olmaları gerekir. Öyle değil mi?

Belki evet, belki hayır. İhtiyarlar kiliseye sadece bir kez katılmış biriyle ilgili ruhsal bir sorumluluk duymalı mı? İki kez? Gözetmenlerin gözettiği sürünün "resmen" bir üyesi sayılması için birinin kaç kez ya da hangi sıklıkta Pazar ibadetine katılmış olması gerekiyor? Ya bu kişi kilisedeki Kutsal Kitap çalışmasına düzenli olarak katılıyor ama kilise ibadetlerine düzenli katılmıyorsa? Düzenli olarak katılan birinin imanlı olması ya da olmaması da fark eder mi?

Görülüyor ki, Kutsal Kitap'a dayalı çobanlık, sürünün kim olduğunun net bir şekilde tanımlanmasını gerektirmektedir. İhtiyarların çobanlar olarak sorumlulukları altında gördükleri insanlarla Hristiyan kardeşler olarak gördükleri insanları ayırt edebilmeleri gerekir. Bir başka ifadeyle, kilise ihtiyarlığı belirli bir kilise üyeliği konsepti gerektirir.

İHTİYARLIK VE ÜYELİK

Kilise üyeliği iki önemli şey yapar. Öncelikle insanların İsa'nın öğrencileri olarak *kimliklerini saptar.* Kilise üyeliği bir insanı Hristiyan yapmaz ama onları dışarıdan Hristiyan olarak işaretler. İsa üyeliğe vaftiz yoluyla koyunları koyun olarak etiketlemeleri (Mat. 28:18-20) ve aforoz yoluyla bu etiketi kaldırmaları için (18:15-17) yerel kiliselere "bağlama" ve "çözme" yetkisi vermiştir (18:18). Kilise üyeliği isteyen birisi, kendini kilisenin önüne getirip "Ben bir Mesih öğrencisiyim" der ve kilise de "Evet, öyle olduğuna inanıyoruz!" (ya da nadiren de olsa, "Hayır, öyle olduğuna inanmıyoruz") der. Aforoz yoluyla kilise "gerçek bir Hristiyan olabilirsin ama tövbe etmediğin günahın nedeniyle seni onaylayabileceğimiz bir neden yok" der.

İkinci olarak, kilise üyeliği sadece insanları Hristiyan olarak saptamakla kalmaz, aynı zamanda bu kimliğe sahip imanlılar grubunu belli bir topluluk haline getirerek *bir ara-*

ya toplar. Bu toplulukta üyeler kendilerini birbirlerine adarlar. Elçiler Müjde'yi duyurarak insanları öğrenciler yaptılar, sonra onları vaftiz ettiler ve Hristiyanlara İsa'nın buyruklarına uymayı öğretebilecekleri yerel paydaşlıklar olması için onları bir araya topladılar. Elçiler öğrenci gruplarını bir araya toplayınca, her kiliseye yönetmeleri ve öğretmeleri için ihtiyarlar atadılar. Pavlus, emektaşı Titus'a şunu hatırlatmıştı: "Geri kalan işleri düzene sokman ve sana buyurduğum gibi her kentte ihtiyarlar ataman için seni Girit'te bıraktım" (Tit. 1:5).

Kilise üyeliğinin bütün bu ihtiyar gözetmenliği tasarısını nasıl mümkün hale getirdiğini görebiliyor musunuz?

İsa'nın öğrencilerinin kimliklerini saptayarak ve onları işaretleyip ayırarak, kilise üyeliği pastör-ihtiyarın, koyunların kilisenin bilebildiği kadarıyla gerçekten de koyun olduklarından emin olmasını sağlar. Öğrencileri bir toplulukta bir araya getiren kilise üyeliği, ihtiyarın hangi koyunların kendi gözetimi altında olduğunu bilmesine yardımcı olur. Çünkü *onlar* için Tanrı'ya hesap verecektir (İbr. 13:17). Bu, ihtiyarın üye olmayan ancak kilise ibadetlerine katılan kişilere karşı duyarsız ya da soğuk olmasını gerektirmez. Ama ihtiyarın üyeler üzerinde, üye olmayanlar üzerinde sahip olmadığı bir yetkiye ve sorumluluğa sahip olduğu anlamına gelir.

Kilise üyeliği aynı zamanda tüm topluluğun birbirinden sorumlu olduğunu hatırlamasına yardımcı olur. İhtiyarlar sürüden uzaklaşan koyunları izleme işine önderlik etmelidir ama bunu yapması gereken tek kişi onlar değildir. Üyelik tüm bedende karşılıklı bir hesap verme sorumluluğu ve ilgidir.

KİLİSE İHTİYARLARI

Kiliseniz ihtiyarlığa yönelik daha Kutsal Kitap'a dayalı bir yaklaşım konusunda daha da ciddileşiyor mu, ya da bir ihtiyar modeline geçmeyi düşünüyor mu? Bu süreçte eş zamanı olarak kilise üyeliği konusunda çalışmayı ihmal etmeyin.[8] Amaçlı kilise üyeliği, etkili bir ihtiyarlık için gereken ortamı yaratır.

SÜRÜDEN UZAKLAŞAN BEŞ KOYUN TÜRÜ

Bu konuyu anlayan bir ihtiyar olduğunuzu düşünün. Çağrınızın yoldan sapan üyelere göz kulak olmayı da kapsadığını anlıyorsunuz. Kilisenizin amaçlı kilise üyeliği pratiği uyguladığını da varsayarsak, kime göz kulak olmanız gerektiğini de gerçekten biliyor olun. Şimdi ne yapacaksınız? Nasıl gözeteceksiniz? Özellikle dikkat etmeniz gereken nedir?

Aşağıda kilise üyelerinin yoldan sapmasının en yaygın görülen beş türü var. Yerel paydaşlığınızdaki ilişkilerinizde ve bir üyenin bu durumlardan birinin içinde olduğunu duyduğunuzda, bunu hemen fark edin: Bu kardeş sürüden ayrılmaya başlamış olabilir.

Günah İşleyen Koyun

Başa çıkması her zaman kolay olmasa da, fark etmesi kolay olan bir durumla başlayalım. Eğer kilise üyelerinizden birinin açıkça bir günahta olduğunu keşfederseniz, o halde

---

[8] Kilise üyeliğiyle ilgili giriş niteliğinde harika bir çalışma için bkz. Jonathan Leeman, *Church Membership: How the World Knows Who Represents Jesus* (Wheaton, IL: Crossway, 2012).

sürüden uzaklaşan, günah işleyen bir koyununuz vardır ve müdahale edilmesi gerekir.

Her kilise üyesi günahla mücadele eder ve elbette her ihtiyar da öyle. Yuhanna şöyle yazar: "Günahımız yok dersek, kendimizi aldatırız, içimizde gerçek olmaz" (1.Yu. 1:8). Ama bazı günahlar diğerlerine göre topluluğa daha açık ve daha barizdir. Bazen de üyeler mücadele etmeyi bırakmış ve bu yanlışı benimsemiş gibi görünürler. Böyle açık ve tövbe edilmeyen bir günah ihtiyar tarafından fark edilirse, ihtiyar cesaretini toplamalı, Rab'be güvenmeli ve İsa'nın bize yapmayı öğrettiği gibi bu üyeyi günahıyla alçakgönüllü bir şekilde yüzleştirmelidir (Mat. 18:15-17).

Bazen müdahale işe yarar. Günahta olan bir üyeye meydan okuduğum ve benim korkuma rağmen Rab'bin lütfuyla bu kişiyi tövbeye getirdiği zamanları hatırladıkça seviniyorum. Ama bu her zaman böyle olmaz. Kaçan ve yakalaması zor bir üyeyle irtibata geçebilsin diye, sonunda günahıyla yüzleştirmek umuduyla öğle yemeği arasında bu adamın dükkanının önüne park eden bir ihtiyar tanıyorum. Maalesef, bu adam onu yine atlatmış, hiç tövbe etmemiş ya da geri dönmemişti.

Avare Koyun

Avare koyunlar kiliseden yavaşça uzaklaşır, başka etkinliklere ya da ilgilere kapılırlar. Bu uzaklaşma yoğun bir seyahat programının, çocukların spor etkinlikleriyle ilgili düşüncesizce verilen kararların ve bu yüzden ailenin Pazar tapınmasından uzaklaşmasının ya da tadilat gerektiren bir ev satın alarak tüm hafta sonu onunla meşgul olmanın sonucu olabilir. Bazen genç bir kilise üyesi üniversiteye gider, iman yolundan sapar ve kiliseye ya da Rab'be geri dönmez. Bazen de insanlar kendilerini kiliseye ait hissetmemekten şikayetçi olurlar ve bu yüzden de gelmeyi bırakırlar.

Durumlar ne olursa olsun, bu üyeler İbraniler'deki uyarıya kulak vermemişlerdir: "Birbirimizi sevgi ve iyi işler için nasıl gayrete getirebileceğimizi düşünelim. Bazılarının alıştığı gibi, bir araya gelmekten vazgeçmeyelim" (İbr. 10:24-25). Kilise üyeliğinin "sevgi ve iyi işler için" birbirini gayrete getirme amacıyla diğer üyelerle düzenli olarak bağ kurmak olduğunu unutmuşlardır. Bu şekilde avare dolaşan, tapınma toplantılarımızdan uzaklaşan bir koyunun o kadar da kötü olmadığı söylenebilir. Ama aslında böyle bir koyun, Kutsal Yazılar'ın bu buyruğuna itaatsizlik etmektedir.

Sevgili ihtiyarlar, yaşamları çok yoğun olan üyeleri fark edin ve topluluk paydaşlığını ve tapınmasını yaşamlarından çıkarmamaları gerektiğini onlara sevgiyle hatırlatın.

Yaralı Koyun

İsa bize asla acıdan ve sıkıntıdan muafiyet vaat etmedi. Hristiyanlar işlerinden çıkartılabilir, ilişkilerinde terk edilebilir, tip 2 diyabet hastalığı teşhisi alabilir, otobanda aracına arkadan çarpılabilir ve davalarla boğuşabilirler. Bir zamanlar aktif olan imanlılar yaşlanabilir ve evden çıkamaz hâle gelebilirler. Sıkıntıda olan bu üyeler sürüye yetişemedikleri için geride kalma tehlikesi içinde olan yaralı koyunlardır. Birinin yavaşlayıp onlarla birlikte yürümesine ihtiyaçları vardır. Şiddetli zorluklar en güçlü kutsallara bile çaresiz hissettirebilir ve kiliseyle normal bağlantılarını sürdürme becerilerini sekteye uğratabilir. Eşsiz sabrı ve imanıyla bilinen Eyüp'ün bile sınırları varsa, sizin topluluğunuzun da vardır.

Bir üyenin yaşamında büyük bir fırtınanın olduğunu biliyorsanız, onlarla ilgilenme vaktidir. Bu kardeş diğer üyeler tarafından, kilisedeki arkadaşları ya da Kutsal Kitap çalışmasındaki üyeler tarafından desteklenmiş hissediyor mu? Gözetmenlerin ilgilenebileceği gündelik ihtiyaçları var mı? Üyenin sıkıntılarının olduğu haberi topluluğun dua toplantılarına ulaştı mı? Birçok zaman ihtiyarlar olarak sıkıntı içindeki bir üyeye hizmet etmemizin en iyi yolu, dua ve danışmanlık için kendimiz bizzat ilgileniyor olsak da, kilise bedenine haber vermek ve onları bu konuya odaklamaktır.

Birçok yaralı koyunun kendisine en ufak bir ilgi gösterildiğinde bile rahatladığını görmek harikadır. Küçük bir kucaklama ve toplantıdan sonra kilise girişinde bir dua, teşvik edici bir not ya da kısa bir ziyaret, yaralı koyunun bir ay daha dayanabilecek cesareti bulmasını sağlayabilir. Daha geçen hafta, topluluğumuzdaki bir kadına kocasının nasıl olduğunu sordum. Ciddi sağlık sorunları vardı ve bu yüzden tapınmaya gelemiyordu. Bu kardeş beni kocasının durumuyla ilgili bilgilendirdi ve ihtiyarlarımızdan birinin zaman ayırıp onu ziyaret etmesinden takdirle bahsetti. Bu küçük ev ziyareti imanlarını artırmış ve onlara dayanma gücü vermişti.

En küçük adım bile değerlidir. Rab yaralı üyeleri size gösterdiğinde, onlarla ilgilenin.

KİLİSE İHTİYARLARI

Kavgacı Koyun

Muhtemelen buna inanmakta zorlanacaksınız ama üyelerin birbirleriyle kavgalı olduğu kiliselerin olduğunu duydum. Elbette, bu benim kilisemde hiç olmadı ve sizinkinde de üyelerin asla çatışmadığından eminim. Eğer sizin kiliseniz de benimki gibiyse, tüm üyeler siyaset ve tapınma müziği konusunda benzer görüştedir, tüm kurullar problem çözmeye ve finansal konulara yönelik benzer yaklaşımlar içindedir ve kimse birbirine karşı günah işlemiyordur. Öyle değil mi?

Bence de değil. Hatta üyelerimizin kişilikleri ve geldikleri arka planlardaki çeşitlilikler, günah işlemeye olan devamlı eğilimimizle birleşince, kilisemizde böyle bir uyumun nasıl sağlanabildiğine hayret ediyorum. Bu Kutsal Ruh'un işi olmalı.

Kilise üyeleri dalaşmaya girdiğinde (ki bunun olması kaçınılmazdır), büyük bir uzaklaşma tehlikesi söz konusudur. İnsanlar hızlıca gözden kaybolmaya başlarlar. "Kilise böyle bir yer olmamalı" derler. "Hissettiğim tüm bu gerginlikten ötürü artık burada tapınamıyorum. Gidiyorum ben."

Çatışan üyelere meydan okunmalı, Tanrı'nın yüceliği ve Müjde uğruna barışmaya yöneltilmelidirler ama bunu yapabilmeleri için muhtemelen yardıma ihtiyaçları olacaktır. En olgun öğrenciler bile böyle bir durumda bir arabulucuya ihtiyaç duyabilirler. Pavlus iki emektaşı arasındaki bir çatışmayla ilgili şöyle demişti: "Evodiya'ya rica ediyorum, Sintihi'ye rica ediyorum, Rab yolunda aynı düşüncede olun" (Flp. 4:2). Sonra kiliseden de bu konuda yardımcı olmalarını rica ediyor: "Evet, gerçek yoldaşım, sana da yalvarırım, bu kadınlara yardım et" (3. ayet).

Sevgili ihtiyarlar, üyeler arasında bir çatışma gördüğünüzde, bunu görmezden gelerek kendi başına düzelmesini beklemeyin. Düzelme kendi başına nadiren olur. Ayırmak için de olsa kavgalara dahil olmaktan hoşlanmayan normal biri olduğunuzu düşünerek sakınma ve görmezden gelme arzusu duyabilirsiniz. Ama İsa'nın sözlerini hatırlayın: "Ne mutlu barışı sağlayanlara! Çünkü onlara Tanrı oğulları denecek" (Mat. 5:9). Bu berekete tutunun. İhtilaflı üyeleri sizinle konuşmaya davet edin ve Tanrı'nın ne yapabileceğini görün. Unutmayın, bir ihtiyarın amacı koyunları olgunlaştırmaktır (bkz. 2. bölüm). Çatışmalar, insanların Mesih'te büyümeleri için inanılmaz fırsatlar sunar.

Isıran Koyun

Peki ya üyenin kavgası sizinle, çoban-ihtiyarlaysa? Ya yaklaşmaya çalıştığınızda bu koyun sizi ısırıyorsa? Sürüden ayrılma sebebi olarak sizi gören birini nasıl gözeteceksiniz?

Bu sorunun cevabı koşullara ve söz konusu insanlara bağlı olarak ciddi ölçüde değişebilir. Ama detaylar ne olursa olsun, çatışmanın hedefi olan bir ihtiyarın her zaman yapması gereken üç şey şudur:

• Hüsran duyan üyeyle iletişim kurmanıza yardımcı olması için birkaç başka ihtiyardan yardım isteyin. 6. bölümde göreceğimiz gibi bu, Tanrı'nın her kilisede birden fazla ihtiyar olmasını istemesinin

nedenlerinden biridir. Bu uygulamaya "çoğul ih-
tiyarlık" diyoruz. İhtiyarlar birbirlerini gözetirler
çünkü çobanlar da hâlâ şahsen koyundurlar. Diğer
ihtiyarların sizi sevgiyle denetlemelerine alçakgö-
nüllülükle izin verin. Eğer söz konusu üye çizgisi-
ni aşarsa, bırakın, sizin hakkınızı diğer ihtiyarlar
arasın.

• Yüreğinizi savunmacılığa, öfkeye ve umursamaz-
lığa karşı koruyun. Diğer ihtiyarlardan yardım is-
tediğinizde, bunu gardınızı almak için bir araç ola-
rak kullanmayın. Sizi eleştirenlere karşı sevginizi
ve merhametinizi sürdürmek için gayret edin.

• Sizden şikayetçi olan kardeşle görüştüğünüzde,
onu dikkatlice dinleyin. Yıllar boyunca edindiğim
tecrübeyle söyleyebilirim ki, bana en öfkeli, en
acımasız eleştirileri yapanların bile genelde haklı
oldukları bir nokta oluyor. Bu noktayı gereğinden
fazla vurguluyor, olgun olmayan ve günahkâr bir
şekilde ifade ediyor olabilirler. Ama yine de tepki
verdikleri bu şey, yüzleşmem gereken *bir şey*dir.

GÖZETMEYE DEVAM ETMEK: MÜJDE'YE GÖRE ŞEKİLLENEN BİR ÇAĞRI

Böyle durumlarda sürüden uzaklaşan üyeleri gözetmeye
devam etmek, ihtiyar olmanın muhtemelen en zorlu ancak
en az cazibeli işlerinden biridir. Bir ders anlattığınızda, ki-
liseden övgüler ve saygı alırsınız. Üyeler için dua ettiğinizde

bundan derin bir tatmin duyar ve tarihi bir önderlik kararı vermekte olan bir ihtiyar takımının parçası olmaktan fena halde neşe duyarsınız. Ama zina eden birini günahıyla yüzleştirmenin ya da uzun zamandır süregelen bir tartışmaya burnunuzu sokmanın size nasıl bir faydası olabilir? Sizlerin ve kilisenin kendilerine yanlış yaptığına inanan ve bunu tüm detaylarıyla ortaya döken öfkeli bir çifti oturup dinlemeyi kim ister? Hepimizin kendi yaşamında zaten yeterince dram yok mu? Neden başka birinin bataklığına atlayalım?

Bunun için bir sebep şu: İhtiyarlar sürüden uzaklaşan üyeleri aramaya çıkarak Müjde'yi derin biçimde somutlaştırmış olurlar. Yoldan sapanları gözetmek ve onları izlemek, İsa'yı yansıtan bir iştir.

İyi Çoban bu dünyaya kaybolanları bulmak ve kurtarmak için geldi. Tanrı Kuzusu bizim gibi tövbe etmeyen, günah işleyen koyunlar için ölmeye geldi. Büyük Doktor yaralı koyunların, günahtan ötürü hasta ve ezilmiş durumda olan koyunların yarasını sarmaya geldi. Esenlik Önderi savaşın yıprattığı, rakipliklerin ve ayrılıkların sayısız parçaya ayırdığı dünyamıza girdi. Biz O'na hakaretler ettiğimizde, O'na vurduğumuzda ve O'nun bedenini deştiğimizde, ağzını açmadı.

İsa gelmek zorunda değildi ama geldi. İhtiyarlar da kendi inisiyatifleriyle ileriye atıldıklarında, bu onlar için maliyetli olsa bile, vaaz ettikleri Müjde'ye bizzat örnek olmuş olurlar.

5

EGEMENLİK TASLAMADAN ÖNDERLİK EDİN

Durum giderek kötüleşiyordu. Kıdemli pastörle yardımcı pastör, teoloji ve en iyi kilise hizmeti yaklaşımı da dahil olmak üzere birçok önemli konuda aynı fikirde değillerdi. Görüş ayrılıkları vaazları aracılığıyla tüm topluluğa yayılıyordu. Giderek artan bu gerilim kilisede çatlaklara yol açmaya başlıyordu.

Yardımcı pastör bu durumla ilgili benimle konuştuğunda, ona şunu sordum: "Kilisenizde ihtiyarlar yok mu?" Olduğunu doğruladı. "Bu çatışmayı çözmek için hangi adımları atıyorlar?" diye devam ettim.

"Üzücü kısım bu" dedi. "Ne yapacaklarını bilmiyorlar. Karışık mesajlar veriyorlar. Bazen kilisede görev yapmaya devam etmemi istediklerini söylüyorlar, bazen de patronumla aramdaki farklılıkların çok büyük olduğunu söylüyorlar."

Bu durumdaki herkesi anlayabiliyordum. İkisi de Rab'bi seven fakat ikisi de çok farklı hizmet görüşlerine sahip iki pastör için kalbim üzüldü. O ihtiyarları da anlayabiliyordum. Muhtemelen kiliseye hizmet etmek isteyen iyi adamlardı ama kendilerini, ikisini de onurlandırmak istedikleri iki pastörün arasındaki patlamaya hazır bir tartışmanın ortasında bulmuşlardı. Ne yapacaklarını bilememeleri şaşırtıcı değildi. Böyle bir karışıklığı çözmek, aldıkları maaşı aşan bir sorumluluk değil miydi?

Ama pastörlerin ve kilisenin tam olarak yapması gereken şey, böylesi karmaşık bir kavgaya dahil olmak ve önderlik etmekti.

KİM DİYOR?

İhtiyarlarla ilgili bir kitapta önderlik konusuna bir bölüm ayırmak bir fazlalık gibi görünebilir. İhtiyarların kilisede önderlik ettikleri yeterince açık değil mi? Ama işler karışık bir hâl aldığında, bazen bariz olan şeyleri gözden kaçırabiliriz.

Özellikle böyle zor durumlarda ihtiyarların kiliselerine önderlik etmek için yeterince nitelikli olmadıklarını düşünmeleri kolaydır. Şöyle düşünmeye başlayabilirler: "Teoloji diplomam yok. Kilise yönetimiyle ilgili eğitim almadım. Aile yaşamım ve tam zamanlı işim çok yoğun. Bu sorunla başa çıkacak kapasitem yok. Dürüst olmak gerekirse, onursal bir kilise kurulu üyesinden fazlasıymışım gibi hissetmiyorum." Gönüllü ihtiyarlar, kilisenin uzun zamandır aynı şekilde işleyen uluslararası müjdeleme faaliyetlerini yeniden yapılandırmak, pahalı bir bina genişletme projesinde topluluğa rehberlik etmek ya da bir kilise personeline yönelik usulsüzlük suçlamalarıyla baş etmek için kendilerini yeterli görmeyebilirler.

Kilise üyeleri de böyle düşünebilir. Bazen bir üye, ihtiyarlar kiliseyi kendisinin istediği yöne doğru götürdükleri sürece gönüllü ihtiyar takımını onaylar. Ama ihtiyarlar ona göre "yanlış" bir yöne yöneldiklerinde, üye buna karşı çıkabilir. "Kim olduğunu sanıyor bu?" diye yakınabilir. "On yıldır bir Kutsal Kitap çalışmasında onunla birlikteydim. Benden daha iyi değil. Neden bir anda kararları o vermeye başladı?"

Bir adım daha geriye çekilerek, ihtiyar yetkisinin meşruluğunu daha geniş açıdan zamanımızın kültürel bağlamında dahi sorgulayabiliriz. Batıda insanlar liderlere genellikle kuşkuyla yaklaşırlar. Otoriteyi sorgulamayı, komplo teorileri üretmeyi ve itiraz etmeyi severiz. Liderler ne kadar büyükse, düşüşleri de o kadar sert olur ve dünya da buna o kadar yüksek sesle sevinir. Otorite dışarıdaki kurumlardan içerideki sezgilere kaydıkça, herkes kendi kendisinin egemeni oldu. Böyle bir bağlamda, bırakın ihtiyarı, kilise bile hangi hakla insanlara nasıl yaşayacağını ve neye inanacağını söyleyebilir?

İhtiyarların gerçekten de kilisede önderlik etme yetkisi (otoritesi) var mı?

YÖNETME YETKİSİ

Yeni Antlaşma'da bu role verilen ve birbirinin yerine kullanılabilen üç ismi gözden geçirelim. Bu üç unvanın her biri biraz farklı bir ima içeriyor ama hepsi yetki ve liderlik anlamı taşıyor:

> • *İhtiyar.* Bu sözcük, bilgelik ve tecrübe iması taşımaktadır. Bir ihtiyara ona danışmak ve ondan rehberlik almak için gidersiniz. İhtiyarların ahlaki yetkileri vardır; onlar konuştuklarında, insanlar dinler.

Egemenlik Taslamadan Önderlik Edin

• *Pastör/Çoban.* Çobanların sürüleri üzerinde yetkileri vardır ve koyunlarını bir yerden başka bir yere yönlendirirler. Sürünün nereye gittiğini umursamayan bir çoban düşünebilir misiniz?

• *Gözetmen.* Bu sözcük, bir şeylere ya da insanlara göz kulak olan kişi demektir.

Ayrıca, daha önce çalıştığımız metinlerden bazılarını tekrar inceleyin. Bu ayetleri tekrar okurken, şunları fark edin: Her birinde yazar, kilise gözetmenlerinin kiliseye önderlik etme yetkilerinin olduğunu ve kilise üyelerinin de bu yetkiyi onurlandırma ve ona boyun eğme sorumluluğu olduğunu varsaymaktadır.

Kendi evini yönetmesini bilmeyen, Tanrı'nın topluluğunu nasıl kayırabilir? (1.Ti. 3:5)

Topluluğu iyi yöneten ihtiyarlar, özellikle Tanrı sözünü duyurup öğretmeye emek verenler iki kat saygıya layık görülsün. (1.Ti. 5:17)

Kardeşler, aranızda çalışanların, Rab yolunda size önderlik edip öğüt verenlerin değerini bilmenizi rica ederiz. Yaptıkları işten ötürü onlara fazlasıyla saygı, sevgi gösterin. (1.Se. 5:12–13)

Önderlerinizin sözünü dinleyin, onlara bağlı kalın. Çünkü onlar canlarınız için hesap verecek kişiler olarak sizi kollarlar. (İbr. 13:17)

KİLİSE İHTİYARLARI

İhtiyarlar üyeleri yönetir, onlara önderlik eder, öğüt verir ve onları kollarlar. Üyeler de onları bu şekilde tanıyarak, onlara saygı duyarak ve itaat ederek karşılık verirler.

Kiliseler organize olma şekilleri bakımından birbirlerinden farklıdır. Benimki gibi toplulukçu yönetime sahip olan kiliselerin yapısal düzeni, Presbiteryen kiliselerinki gibi değildir. Anglikan dostlarımızın piskopos ve başpiskopos gibi roller içeren Episkopal sistemiyse ikimizinkinde de bulunmaz. Ama tüm kiliseler Kutsal Kitap öğretisine göre en az bir şeyde ortak olmalıdır: Tanrı, yerel toplulukların gidişatını yönlendirmeleri için ihtiyarlara açıkça bir miktar yetki vermiştir.

BAVULLARIN ARASINDA SAKLANMAK

Eğer ihtiyarsanız, kilisenize önderlik etmek üzere öne çıkın ve sıkı çalışın. Tüm cevaplara sahip olmanız gerekmiyor ve kesinlikle her şeyi tamamen doğru yapamayacaksınız. Ama İsa, sürüsünü yönlendirme işini size emanet etti. Kilisenizin ilk adımı atmanıza ve süreci başlatmanıza ihtiyacı var.

Kral Saul gibi karşılık vermeye ayartılabilirsiniz. Tanrı, Saul'u seçtiği ve Samuel onu kral olarak atadığı halde, Saul ulusun karşısına ilk kez çıkacağı zaman eşyaların arasında saklanmıştı. Burası iyi bir saklanma yeri olmalıydı çünkü insanlar Tanrı'ya onun nerede olduğu sorduklarında Tanrı şöyle demişti: "Yine RAB'be, 'O daha buraya gelmedi mi?' diye sordular. RAB de, 'O burada, eşyaların arasında saklanıyor' dedi" (1.Sa. 10:22). İhtiyar kardeşim, kilise önderliğe ihtiyaç duyarken saklanma. Çantaların arasından çık, yük ambarını terk et ve uçuş kabinindeki yerini al.

Benim topluluğum, kilit anlarda gereken önderliği yaptıkları için cesur gönüllü ihtiyarlar tarafından tekrar tekrar bereket buldu. John, acı verici bir kilise bölünmesinden sadece birkaç yıl sonra bir tüzük değişikliği süreci boyunca bize ustalıkla önderlik etti. Yeniden yazdığı tüzük, toplulukta oy birliğiyle kabul edildi. Gergin birçok toplantıda Tim'le birlikte oturdum, üyeler arasında ve hatta bazen kilise personeli arasındaki çatışmaları sabırla ve sakinlikle uzlaştırmasını izledim. Matt'in binamızı genişletmemiz gerektiğini açıkça ve karşıdaki kişiyi kazanır bir şekilde açıklayarak kilisede birlik sağladığını hatırlıyorum. Karmaşık bir pastör arama sürecine önderlik ederek bize yardımcı olan Rick ve Clay için minnettarım. Sonunda harika bir yardımcı pastör bulduk. Topluluk muhtemelen Eric'in onlar için ne kadar çok şey yaptığından haberdar değildir ama kendisi diğer ihtiyarlara, üyelere çobanlık etmeleri için durmak bilmeden meydan okudu.

Bunu yazarken de, Bill için Tanrı'ya şükrediyorum. O şu anda tam zamanlı işler yapıyor ve boş zamanını, işleyiş ve takım yönetimiyle ilgili uzmanlığını kilisemizin ücretli personeline çobanlık etmeme yardımcı olmak için kullanıyor. Aynı zamanda bana liderlik konusunda koçluk da yapıyor! Bir taşla iki kuş!

İhtiyarlar onur listemden isimler ve hikâyelerle bu bölümün geri kalanını doldurabilirdim. Zor kararlar verecek, Müjde'ye dayalı politikalar kuracak, kilise birliği için çalışacak, engellerle karşılaşınca sebat gösterecek ve toplantılarda, sohbetlerde ve dualarda topluluk için saatlerini verecek kadar sürüsünü çok seven adamlarla ortaklaşa çalışmak benim için bir ayrıcalık oldu. Tanrı'yı sayan, sevgi dolu adamların uyguladığı yetki, yerel kiliselere yaşam, birlik ve verimlilik getirir. Kiliseler de bu yetkiyi onurlandırmaktan bizzat fayda görürler (İbr. 13:17).

GÜÇ SARHOŞLUĞU

Belki hâlâ ikna olmuş değilsiniz.

İhtiyarların yetkisiyle ilgili bu söylenenler sizi kaygılandırıyor mu? Kutsal Kitap'tan kanıt niteliğinde seçilen metinlere rağmen hâlâ tereddüt mü ediyorsunuz? Belki sizin tecrübenizde ihtiyarlarla ilgili sorun, onların tahttan kaçmak için eşyaların arasına saklanan Saul gibi olmaları değildir. Sorun belki Saul'un krallığının daha sonraki zamanlarındaki gibi olmalarıdır. Saul o zamanlar Beytlehemli bir çocuğun tacını ondan almasından korktuğundan ve onu kıskandığından, Davut'a bir mızrak fırlatmıştı (1.Sa. 18:9-11). Belki gerçek tehdidin ihtiyarların çekingenliği değil, zorbalığı olduğunu hissediyorsunuz.

Bir yerel kilisede hizmet etmek isteyen Hristiyan bir genç adam vardı. Bu topluluk onun armağanlarından fayda görebilecek küçük bir topluluktu. Ama bu genç imanlı bir duvara tosladı, yani kilise ihtiyarlarından birine. Bu ihtiyar kilisenin kurulmasına yardım etmişti ve sözü saygı gören biriydi. Ayrıca bazen yetkisini kullanırken çok direkt oluyordu. Topluluğun "patronlarından" biriydi ve bunu bilmenizden çekinmezdi. Maalesef bu ihtiyar genç adamın kiliseye sunduklarından ya da yapmak istediği değişikliklerden hoşlanmadı. Hatta bu ihtiyar genel olarak değişikliklerden hoşlanmazdı.

Ortalık durulduğunda, genç adam ezilmiş ve hayal kırıklığına uğramış bir şekilde sessizce kiliseden ayrıldı.

"Pastörlük yetkisi" ve "ruhsal gözetim-bakım" konularında bir insanı şüpheci yapmak için, kontrolcü ve büyüklenen bir ihtiyarla bir iki sürtüşme yeterlidir. Bunlar tarikat liderlerinin insanları elinde tutmak için kullandığı tabiler değil midir zaten?

EGEMENLİK TASLAMADAN ÖNDERLİK YAPMAK

İsa ve elçiler, kaygılarınızı paylaştılar. İhtiyarlara önderlik etme yetkisi vermekle kalmayıp, aynı zamanda radikal biçimde bu önderliği insanlara alçakgönüllülük ve fedakârlıkla hizmet etmek şeklinde yeniden tanımladılar. Petrus, ihtiyarların sorumluluğunun gözetmek ve çobanlık etmek olduğunu kendisi de doğrulamıştır (1.Pe 5:2) ancak hemen devamında, ihtiyarları yumuşak huylu, örnek olacak bir şekilde önderlik etmeye çağırmıştır: "Size emanet edilenlere egemenlik taslamadan, sürüye örnek olarak görevinizi yapın" (3. ayet).

Petrus belki de İsa'nın kendisine ve diğer öğrencilere Tanrı'nın egemenliğindeki gerçek yetki ve büyüklükle ilgili öğrettiklerini hatırlıyordu:

> Bilirsiniz ki, ulusların önderleri onlara egemen kesilir[9], ileri gelenleri de ağırlıklarını hissettirirler.

---

[9]   İlginçtir ki, burada Matta 20:25'te "egemen kesilmek" için kullanılan Grekçe kelime, Petrus'un kullandığı (1.Pet. 5:3) kelimeyle aynıdır. Bu ayetlerin yanı sıra, aynı kelime Markos 10:42'de (Matta'dakine paralel bir metin) ve Elçilerin İşleri 19:16'da da geçer.

KİLİSE İHTİYARLARI

Sizin aranızda böyle olmayacak. Aranızda büyük olmak isteyen, ötekilerin hizmetkârı olsun. Aranızda birinci olmak isteyen, ötekilerin kulu olsun. Nitekim İnsanoğlu, hizmet edilmeye değil, hizmet etmeye ve canını birçokları için fidye olarak vermeye geldi. (Mat. 20:25-28)

İyi Çoban koyunları için kendi canını feda etti. Sadece onları fidyeyle günahtan kurtarmadı, aynı zamanda fidyeyle kurtardığı bu sürü için büyüklüğü ve yetkiyi yeniden tanımladı.

Son Akşam Yemeği'nde, İsa öğrencilerinin ayaklarını yıkayarak onları şaşırttı. Sonra bu şok edici davranışını şöyle açıklamıştı:

Ben Rab ve Öğretmen olduğum halde ayaklarınızı yıkadım; öyleyse, sizler de birbirinizin ayaklarını yıkamalısınız. Size yaptığımın aynısını yapmanız için bir örnek gösterdim. Size doğrusunu söyleyeyim, köle efendisinden, elçi de kendisini gönderenden üstün değildir. (Yu. 13:14-16)

O gece, İsa üstlüğünü bir yana koydu ve öğrencilerinin ayaklarını kendi elleriyle yıkadı. Sonraki gün yine üstlüğü soyulmuştu ama bu kez aynı eller, öğrencilerinin canlarını günahtan arındırmak için çarmıha çivilenmişti. Çarmıhın dibinde bağışlanmış olarak duranlar, dünyayı sarsan bu önderlik ve büyüklüğe tam tersinden bakıyordu.

HİZMETKÂR ÖNDERLİĞİ YAPILANDIRMAK

İhtiyarlar nasıl alçakgönüllü, koluna havluyu dolayıp ayak yıkayan bir duruşa sahip olabilir ve kibirli, taç takan zorbalar olmaz? İhtiyarlar gerçekten de egemenlik taslamadan önderlik edebilir ve otoriterlik yapmadan yetkilerini kullanabilirler mi?

Egemenlik taslayan önderlik tehlikesini asla tamamen ortadan kaldıramazsınız. Gurur devamlı yüreklerimize girme fırsatı kollar ve benliğini her gün Ruh'un gücüyle çarmıha germek nihayetinde her ihtiyarın kendi sorumluluğudur. Ama kiliseler de alçakgönüllü bir yönetim kültürünü besleyen şeyler yapabilirler. Hizmetkâr önderliğin normal ve otoriter rejiminse uygunsuz görüldüğü bir ortam yaratmak için önderler ve topluluk, yaşamlarını birlikte buna göre yapılandırabilirler.

İhtiyarların ve toplulukların birbirlerine İsa'nın bize hizmet ettiği gibi hizmet etmelerine yardımcı olabilecek şu altı topluluk alışkanlığına bakalım:

Alçakgönüllü İhtiyarlar Seçmek

Bir kilisenin yapabileceği en basit ve en etkili şey, potansiyel ihtiyarların değerlendirildiği amaçlı bir süreç geliştirmek ve bu süreç aracılığıyla alçakgönüllü adamlar seçildiğinden emin olmaktır. 1. bölümde gördüğümüz gibi, ihtiyarlar için olan nitelikler listesine göre, bu adamlar "uysal, kavgadan uzak" olmalı (1.Ti. 3:3) ve "dikbaşlı, tez öfkelenen" olmamalıdırlar (Tit. 1:7).

KİLİSE İHTİYARLARI

Bir pastörün, kilise önderliği için en önemli karakter özelliğinin alçakgönüllülük olduğunu söylediğini duymuştum. İkinci en önemli karakter özelliğinin de alçakgönüllülük olduğunu söylemişti. Üçüncüsü? Herhalde tahmin edebilirsiniz.

İhtiyarları seçerken, kilisede güçlü ancak yumuşak bir elle çalıştığı bilinen adamlar arayın. Hizmetkâr yürekli adamlar ihtiyar olarak görevlendirildiğinde, muhtemelen hizmetkâr olarak çalışmaya devam edeceklerdir. Böyle kişiler biraz kibirlenseler bile, bununla yüzleştirildiklerinde genelde iyi tepki verirler. Hem ihtiyar toplantılarında düşüncelerini dile getirebilen, hem de düşünceleri oy çoğunluğuyla desteklenmese de mutlulukla takımın isteğini kabul eden adamlar bulun. Alçakgönüllü ihtiyarlar birbirlerine boyun eğebilirler.

Ama eğer bir adam kendini diğerlerinden daha önemli görüyor ve kibirleniyorsa, inatçılık ediyor ve egemenlik taslıyorsa, ona çoban değneğini teslim etme hatasını yapmayın; bu işe getirebileceği diğer yeteneklerinin, tecrübelerinin ya da kaynaklarının ne olduğu hiç fark etmez: "Birinin üzerine ellerini koymakta aceleci davranma, başkalarının günahlarına ortak olma" (1.Ti. 5:22).

Diyakonları Görevlendirin

Kilisedeki tek görevliler ihtiyarlar değildir. Elçiler aynı zamanda diyakonlar da atadılar. İş tanımlarını basitçe ifade etmek gerekirse (belki fazla basitleştirme riskine giriyorum), diyakonlar kilisenin lojistik, idari ve fiziksel ihtiyaçlarıyla ilgilenerek kilise birliğini güçlendirirler. Birçokları ilk kilisedeki "Yedi Yardımcı"nın bir diyakon modeli olduğunu düşünür. Onların görevi, yiyecekleri kilisedeki dullara dağıtma işini denetlemek, böylece topluluğun uyum içerisinde olması ve elçilerin de vaaz vermek ve dua etmek için boş kalmalarıydı (Elç. 6:1-7).

Sağlıklı, güçlendirilmiş bir diyakonluğun geliştirilmesi, topluluk üzerindeki yetkiyi ve sorumluluğu genişletir ve böylece ihtiyarların önemli konularda süreci tıkamaları ihtimaline karşı yapısal bir koruma sağlar. İhtiyarlar hâlâ kilise işlerini yönlendirirler ve nihai olarak her konuda bir miktar sorumlulukları bulunur. Ama bazı işleri diyakonlara verebilir ve onları salıverebilirler. İhtiyarlar kilise misafirperverliği, çocuk bakımı, fiziksel olanaklar, muhasebe, hayırseverlik ve teknoloji gibi konularda işleri nitelikli diyakonlarla paylaştığında, topluluğa olan güvenlerini alçakgönüllü bir şekilde ifade etmiş olurlar. Diyakonlarsa buna karşılık ihtiyarların yükünü azaltarak onların öğretmelerine, dua etmelerine ve çobanlık etmelerine yardımcı olmuş olur; tıpkı Elçilerin İşleri 6'daki "Yedi Yardımcı"nın elçiler için yaptığı gibi.

Her Zaman Hesap Verme Sorumluluğuna Sahip Olmak

Kilisenizin günaha düşen bir ihtiyarı günahıyla yüzleştirmek için belli bir prosedürü var mı? Pavlus, Timoteos'a ihtiyarları saymalarını söylemişti (1.Ti. 5:17-18). Ama hemen sonraki ayetlerde, bir günahtan suçlu bulunan ihtiyarların herkesin önünde azarlanmasını da buyurmuştur:

KİLİSE İHTİYARLARI

İki ya da üç tanık olmadıkça, bir ihtiyara yönelti-
len suçlamayı kabul etme. Günah işleyenleri her-
kesin önünde azarla ki, öbürleri de korksun. (1.Ti.
5:19-20)

Sevgili ihtiyarlar, bir gözetmen emektaşınızın Rab'be kar-
şı geldiğini ve tövbe etmediğini görürseniz, sırf ihtiyar diye
buna göz yummayın. Pavlus'un daha sonra dediği gibi, "Bu
söylediklerimi yan tutmadan, kimseyi kayırmadan yerine
getirmen için seni Tanrı'nın, Mesih İsa'nın ve seçilmiş me-
leklerin önünde uyarıyorum" (21. ayet).

Söz'ü Onurlandırın

Bir ihtiyar Tanrı'nın Sözü'ne uyarak ve Müjde'yi kilisede
merkeze koyarak, egemenlik taslamadan önderlik yapabilir.
Bir ihtiyarın kendini her zaman Söz'ün *altında* görmesi
gereklidir; tüm öğretilerinde, tapınmasında ve hizmetinde
bu böyle olmalıdır. Bu hem ona hem de topluluğa, kendi
yetkisinin dolaylı olduğunu ve kilise yaşamında mutlak
yetkinin yalnızca Kutsal Kitap'ta olduğunu hatırlatır.
Topluluklar, en üst otorite olarak bizzat Kutsal Kitap'ı gören
(Kutsal Kitap'la ilgili *kendi anlayışlarını* değil) adamları
ihtiyar olarak seçmelidirler.

Sonuçta ihtiyarların İsa'nın kilisesi üzerindeki yetkisi sa-
dece İsa'nın Sözü'nü öğrettikleri, ona uydukları ve onu uy-
guladıkları ölçüdedir. On dokuzuncu yüzyıl pastörü William
Johnson'un ifadesiyle, ihtiyarlar yasa koyucu değil, uygulayı-

cıdırlar.[10] İşleri sadece Kutsal Kitap öğretisini duyurmak ve kilise yaşamında uygulamaktır. İhtiyarlar Kutsal Kitap'ı yüceltirken, aynı zamanda kendilerini alçaltmış olurlar. Bunu yaparken de gerçek imanlıların izlemek isteyecekleri türden adamlar olduklarını gösterirler.

Kendinizi Çoğaltmak

3. bölümde gördüğümüz gibi, ihtiyarların yerlerine geçecek kişileri eğiterek kilisedeki öğretme hizmetinin sürekliliğini sağlamaları gerekir. Sonraki kuşağın öğretmenleri ve ihtiyarları kim olacak? Eğitime odaklanmak, kilise önderliğinin sürekliliğini sağlamasının yanı sıra, ihtiyarların alçakgönüllü kalmasına da yardımcı olur. Gücü bir yandan başkalarına verirken, aynı zamanda tüm gücü elinde toplamaya çalışmak oldukça zordur.

Topluluğa Güvenmek

Bunu ekleyip eklememekte tereddüt ettim çünkü bu kitabı okuyan herkes benim gibi toplulukçu görüşte değil. Ancak bu kitap bir toplulukçuluk savunması niteliğinde değil. Ama naçizane bir saptamamı paylaşacak olursam, belli alanlarda son yetkiyi tüm topluluğa vermek (ki Presbiteryen kiliseler bile bunu yapıyor) ihtiyar zorbalığına karşı en iyi yapısal korumayı sağlıyor. Büyük kararları onaylamak için kilisenin önüne getirmek, ihtiyarları ellerindeki gücü bırakmaya ve alçakgönüllü bir şekilde üyelere ve Rab'be güvenmeye

---

10 Şuradan alıntıdır: Mark Dever, ed., *Polity: Biblical Arguments on How to Conduct Church Life* (Washington, DC: Nine Marks Ministries, 2001), 195.

KİLİSE İHTİYARLARI

zorlar. Büyük bir kararı tek başıma bir verebilmeyi istediğim zamanlar oldu. Topluluğun karar süreci daha yavaş işleyebiliyor ve bazen istediğim sonuç çıkmayabiliyor. Ama yıllar içerisinde gördüm ki, toplulukçuluk iyi uygulandığı zaman ihtiyarlar ve üyeler arasında birlik ve güven sağlıyor. Belli kararlarla ilgili son yetkinin toplulukta olduğuna inanmak, ihtiyarları insanlara öğretmek ve onlarla iletişime geçmek için daha sıkı çalışmaya ve duayla Tanrı'ya güvenmeye zorluyor.

KOYUN GİBİ ÇOBANLAR

İsa kendi sürüleri için ihtiyarları ast-çobanlar olarak atamıştır. İhtiyarların bu görevi yürekten yapmaları ve cesaretle kiliselerini yönetmeleri gerekir. Korkak, edilgen gözetmenler sadece kilisedeki problemlerin daha da kötüleşmesine sebep olurlar. Tüm ihtiyar emektaşlarımdan şunu rica ediyorum: Kilise için, Müjde için ve Tanrı'nın yüceliği için, topluluklarınıza önderlik edin!

Ama çobanlıkla ilgili tüm bu söylenenlerin yanında, tamamlayıcı bir gerçeği de unutmayın: Kendiniz de hâlâ koyunlarsınız.

Bu, her ihtiyarın karşılaştığı büyük bir paradokstur. Çünkü ihtiyar kişi, aynı anda hem bir çoban hem de bir koyun, hem İsa'nın takipçilerinin bir önderi hem de İsa'nın bir takipçisi, hem yerel kilise bedeninin bir gözetmeni hem de bedenin ona bağımlı bir parçasıdır. İhtiyar, lütuf sayesinde kurtarılmış ve yaşatılmakta olan, İyi Çoban İsa Mesih'i izleyen günahlı bir adamdır. İsa aniden bu adama döner, eline çoban değneğini tutuşturur ve şöyle der: "Kuzularımı otlat" (Yu. 21:15).

Koyunken çoban olmanın yarattığı doğal gerilimden nasıl kurtulursunuz? Kurtulmazsınız. Bunu kabullenirsiniz. Çobanlık etme çağrısına cevap verir ve aynı zamanda Rab'be olan mutlak bağımlılığını beyan edersiniz. "Şu yöne gidelim" dersiniz ve bunu derken, aynı zamanda "Rab, bizi yönlendir" diye yakaran kilisenin bu yakarışına katılırsınız. Gözlerinizi İsa'ya çevirir ve O'nun lütfuyla, egemenlik taslamadan önderlik edersiniz.

6

BİRLİKTE ÇOBANLIK EDİN

Hâlâ bu kitabı okumaya devam etmenize sevindim. Açıkçası şimdiye kadar bırakabilirsiniz diye endişe ediyordum. Uzun ve okuması zor bir kitap olduğu için değil. Daha ziyade, Kutsal Kitap'ın ihtiyarlardan istediği tüm gereksinimleri görünce cesaretinizin kırılabileceğinden ve bu yüzden de kitabı bırakabileceğinizden endişe etmiştim.

İhtiyar nitelikleriyle ilgili giriş bölümü zaten yeterince kötüydü. Elçiler, ihtiyarlar için yüksek bir ölçüt belirlediler: Mesih benzeri karakter, iyi bir ev yönetimi ve Kutsal Kitap gerçeğini öğretme ve savunma becerisi. Peki ya "ayıplanacak yanı olmamak"? Kusurlarının ve zayıflıklarının farkında olan herkes, aranılan bu profili en hafif deyimiyle sarsıcı bulacaktır. Ben o bölümü yazarken, şöyle düşünmeden edemedim: "İhtiyar nitelikleriyle ilgili bir bölüm yazmak şöyle dursun, bende bu ihtiyar nitelikleri *gerçekten* var mı ki?"

Ama ilk elemeleri bir şekilde geçseniz bile, 2 ile 5. bölümler arasında sıralanan zor görevler sizi bitirebilir. İhtiyarlar bir sürüye çobanlık eder, doktrin öğretir, hataları çürütür, üyeleri olgunlaşmaları için besler, sürüden uzaklaşanların izini sürer, yönetir ve önderlik eder, çatışmaları çözerler ve bunlar görevlerinden sadece bazılarıdır.

Ancak önümüzde üç bölüm daha var.

Bu iş tanımı bana bazen çok fazla geliyor ve şahsen çalıştığım tüm haftayı bu göreve adamış maaşlı bir pastörüm. Peki ya siz ilgilenmesi gereken bir işi, yorucu bir işe gidip gelme rotası, aktif bir ailesi, bakımını yapması gereken bir evi ve hatta belki de bir iki hobisi olan gönüllü bir ihtiyarsanız? Sadece sınırlı bir zamanı bu işe ayırabilecekken, topluluğu gözetmek gibi yüksek bir çağrının hakkını nasıl vereceksiniz? Tüm bunlar sanki başarısızlığın garantisi gibi görünüyor. Gönüllü çobanlık gerçekten de mümkün mü?

Ben mümkün olduğuna inanıyorum. Çözümün bir parçası, çobanlık etme çağrınızı benimsemek ve fedakârlıkla onu öncelik haline getirmektir. Alexander Strauch bize birkaç dobra kelime ediyor:

> Birçok insan aile kuruyor, çalışıyor ve sosyal hizmete, kulüplere, spor faaliyetlerine ve/veya dini kurumlara zaman ayırıyor. Tarikatlar gönüllülerden oluşan büyük hareketler başlatmışlardır ve bunların ayakta durmasını sağlayan şey büyük oranda üyelerinin gönüllü olarak ayırdıkları zamanlarıdır. Kutsal Kitap'a inanan Hristiyanlar olarak bizlerse tembel, çıtkırıldım ve yapılacak şeyler için ücret isteyen Hristiyanlar oluyoruz. İnsanların sevdikleri bir şey için çalışırken ne kadar motivasyonlu oldukları ve ne kadar çok şey başardıkları iyi anlamda şaşırtıcıdır. Boş vakitlerinde ev yapan ve evlerini yeniden şekillendiren insanlar gördüm.[11]

---

[11] Alexander Strauch, *Biblical Eldership: An Urgent Call to Restore Biblical Church Leadership* (Littleton, CO: Lewis and Roth Publishers, 1995), 28.

KİLİSE İHTİYARLARI

İhtiyar olmak isteyenler hizmet etmenin kendileri için olan maliyetini hesap etmeli ve Tanrı'nın lütfuna güvenerek kendilerini kiliselerine cömertçe vermelidirler.

Ama gönüllü çobanlığı sürdürülebilir yapan bir başka etken daha var. Bu, yıllar boyunca pastörlüğe devam edebilmemi sağlayan Kutsal Kitap ihtiyarlığı unsurlarından biri. Tanrı yerel kiliseyi tasarlarken, bilgeliğiyle ihtiyarları çoğul olarak düşündü. Çobanlık yapabilmeyi mümkün kılan şey onun bir takım sporu olmasıdır.

ÇOĞUL OLARAK PASTÖRLÜK YAPMAK

Yeni Antlaşma, kiliselerde görev yapan gerçek ihtiyarları tarif ederken, onlardan çoğul olarak bahseder. Aşağıdaki ayetleri gözden geçirin. Her bir kiliseyi birden fazla ihtiyarın yönettiğine dikkat edin:

> Yeruşalim'e geldiklerinde inanlılar topluluğu, elçiler ve ihtiyarlarca iyi karşılandılar. (Elç. 15:4; ayrıca bkz. 6, 22. ayetler; 16:4)

> İmanlılar için her kilisede ihtiyarlar seçtiler. Dua ve oruçla onları, inandıkları Rab'be emanet ettiler. (Elç. 14:23)

> Pavlus, Milet'ten Efes'e haber yollayarak kilisenin ihtiyarlarını yanına çağırttı. (Elç. 20:17)

> Mesih İsa'nın kulları ben Pavlus ve Timoteos'tan Filipi'deki gözetmenler ve görevlilerle birlikte Mesih İsa'ya ait bütün kutsallara selam! (Flp. 1:1)

Geri kalan işleri düzene sokman ve sana buyurdu-
ğum gibi her kentte ihtiyarlar ataman için seni Gi-
rit'te bıraktım. (Tit. 1:5)

Bu nedenle aranızdaki ihtiyarlara, onlar gibi bir
ihtiyar, Mesih'in çektiği acıların tanığı, açığa çıka-
cak olan yüceliğin paydaşı olarak rica ediyorum.
(1.Pe. 5:1)

İçinizden biri hasta mı, kilisenin ihtiyarlarını ça-
ğırtsın; Rab'bin adıyla üzerine yağ sürüp onun için
dua etsinler. (Yak. 5:14)

Tüm bu ifadelerde ortak olan şeyi görüyor musunuz? Tek-
rar tekrar her bir kilisede (tekil), ihtiyarların (çoğul) olduğu-
nu görüyoruz.[12] Her topluluğun kendi pastörlük takımı var.
Bu basit bir gözlem ama pratikte her şeyi değiştirecek kadar
önemli. İhtiyarların çoğul olması, çobanlığın sürdürülebilir-
liği için son derece önemlidir.

YÜKÜ PAYLAŞMAK

Bariz olanla başlayalım: Birden fazla ihtiyarın olması,
pastörlükteki iş yükünü birden fazla kişiye paylaştırabilmeyi
sağlar. "Birlikten kuvvet doğar", "Takım çalışması yükü
azaltır, başarıyı çoğaltır" ve diğer benzeri özlü sözler,
ihtiyarlık hizmeti için de doğrudur.

---

[12] a.g.e. 37.

KİLİSE İHTİYARLARI

Kilisemizin bir üyesi bir defasında benim için nasıl dua edebileceğini sordu. Ona hizmetin artan yükünden bahsettim. Kilise üyelerimizin sayısı o sırada artıyordu ve pastörlük ihtiyaçları da çoğalmıştı. Ona cevap beklemediğim bir soru sordum: "Büyüyen bir sürüye nasıl etkili bir şekilde hizmet edebilirim?"

Ama o yine de cevap verdi. Verdiği cevabı hiç unutmayacağım. Gülümsedi, omzunu silkti ve basitçe, "Daha fazla çobanla" dedi.

Elbette, daha fazla çoban! Bunu daha önce düşünememiş olduğuma inanamadım.

Sanırım Musa'nın da böyle bir tavsiyeye ihtiyacı vardı ki, kayın babası Yitro'nun onu bir kenara çekip daha fazla yardıma ihtiyacı olduğuna dikkat çekmesi gerekmişti.

> Ertesi gün Musa halkın davalarına bakmak için yargı kürsüsüne çıktı. Halk sabahtan akşama kadar çevresinde ayakta durdu... "Kayınbabası, 'Yaptığın iş iyi değil' dedi, "Hem sen, hem de yanındaki halk tükeneceksiniz. Bu işi tek başına kaldıramazsın. Sana ağır gelir." (Çık. 18:13, 17–18)

Peki Yitro'nun çözümü neydi? Ona iş ortakları bulmayı öğütledi:

> "Halkın arasından Tanrı'dan korkan, yetenekli, haksız kazançtan nefret eden dürüst adamlar seç... Halka sürekli onlar yargıçlık etsin. Büyük davaları

sana getirsinler, küçük davaları kendileri çözsün-
ler. Böylece işini paylaşmış olurlar. Yükün hafif-
ler." (Çık. 18:21–22)

Yargıçlarla çalışmanın Musa'nın yükünü hafifletmesi
gibi, birden fazla ihtiyarla çalışmak da hizmetin yükünü ha-
fifletir. Eğer bir ihtiyarsanız, sizin ve emektaşlarınızın yü-
künü hafifletecek yollar arayın. Kilisede en çok ilgilenilme-
si gereken işleri konuşun ve çabalarınızı ona göre koordine
edin. Eğer çok yük altındaysanız, dişinizi sıkmaya kendinizi
zorlamayın. Yardım sinyali gönderin ve kardeşleri yardıma
çağırın.

Gözetmen takımınızda sorumlulukları nasıl daha amaçlı
bir şekilde dağıtabilirsiniz? İhtiyarlarımızın kilise üyelerini
nasıl kendi aralarında paylaştıklarından bahsetmiştim ama
siz bunu böyle yapmak zorunda değilsiniz. Mesele amaçlı bir
şekilde işi paylaşmak.

İSVİÇRE İHTİYARLARI

Çobanlık hizmetini paylaşmak sadece iş bölümü yapmakla
bitmez. Çoğulluk aynı zamanda bir kilisenin kendi
ihtiyarlarının çeşitli armağanlarından yararlanabilmesini,
böylece her bir ihtiyarın kendi güçlü yanlarını
kullanabilmesini sağlar. Tüm ihtiyarlar aynı sorumlulukları
paylaşsa da, her biri kendine özgü yetenekleri ve deneyimleri
çorbaya ekler.

Çocukken sahip olduğum ilk İsviçre çakısını hatırlıyo-
rum. Tam olarak kaç yaşındaydım hatırlamıyorum ama bı-
çağın dışını kaplayan parlak kırmızı renkteki tutacak yerleri

KİLİSE İHTİYARLARI

hâlâ gözümün önünde canlandırabiliyorum. Bu tutacakların arasında da o özel İsviçre çakısı aletleri vardı. Bunlardan her birini heyecanla tek tek çıkarır ve vahşi doğada kaybolursam hayatta kalmak için her birini nasıl kullanacağımı hayal ederdim. Uzun bıçak, kısa bıçak, cımbız, tornavida, makas ve elbette dışarıda hayatta kalmak için en önemli araç olan tirbuşon vardı.

Kilisemizin ihtiyar takımına her yıl yeni adamları kabul ederken de benzer bir his yaşıyorum. Her kardeş takıma keşfedilmeyi ve kullanılmayı bekleyen eşsiz armağanlar getiriyor. Bu tıpkı insandan oluşan bir İsviçre çakısını açmak gibi; alet olarak her adımda bir ihtiyar armağanı çıkıyor. Elbette bu rolün gerektirdiği bazı temel armağanlara, örneğin önderlik etme ve öğretme gibi, tüm ihtiyarlar sahip olmalıdır. Ama bu genel armağanlar bile güç ve biçim bakımından çeşitlilik gösterebiliyor.

Şu anki ihtiyarlık takımımızda, Mark yerel bir teoloji okulunda misafir doçent. Açıkça görülebilen konuşma armağanını ve ileri düzey Yeni Antlaşma çalışmalarını toplulukta güçlü bir öğretme hizmeti yürütmek için kullanıyor. Kent, bazen finans alanındaki kariyerini bütçemizle ilgili konularda önderlik etmek için kullanıyor. John'un duaya yönelik derin bir tutkusu var ve biraz pragmatik olan ihtiyar takımımıza yıllar boyunca çok kez dizleri üstüne geri getirdi. Herb'ün solduyu diyebileceğimiz türden ender bulunan bir sağduyusu var ve genelde tartışmalar sırasında sorduğu keskin sorularla dikkatimizi meselenin tam kalbine yöneltiyor.

Siz de kendi ihtiyarlarınızı tanımak için zaman ayırın. Her birinin hangi armağanlara sahip olduğunu ve onları nasıl kullanabileceğinizi keşfedin. Birlikte çalışırken, zaman zaman bazı gözetmenlerin problem çözme ve öncelik belirlemede kullandıkları farklı yöntemler sizin hoşunuza gitmeyebilir. Ama bu farklılıkların sizi gıcık etmesine izin vermeyin. Bunun yerine, diğer ihtiyarları topluluğunuza hizmet etmek için Tanrı tarafından tasarlanmış araç setinin bir parçası olarak görün. Tüm bunlar çoğul ihtiyarlığın harikalarının bir parçasıdır.

ÇOBANLARA ÇOBANLIK ETMEK

Son bölümde, ihtiyarların da İsa'nın sürüsünün üyeleri olduğunu kendimize hatırlatmıştık. Buna kilise önderliğinin "koyun-çobanlar" paradoksu diyoruz. Bu paradoks ilginç bir soru doğurur: Eğer çobanlar aynı zamanda koyunlarsa, çobanlara kim çobanlık eder? İhtiyarların da diğer herkes gibi pastörlük edilmeye ihtiyaçları var. Ayartıya kapılabilir, bunalıma girebilir, çatışmalara dahil olabilir, kilise hizmetinde yorulabilir ya da sevdiklerini kaybedebilirler. Bir krizin içinde olmadıklarında bile, ihtiyarların diğer kilise üyeleri gibi olgunlaşmaya devam etmeleri gerekir. Peki onları ruhsal olarak kim gözetir?

Bunun cevabı da çoğullukta yatar. Çobanların diğer çobanlara çobanlık etmeleri gerekir. Topluluğu gözetme hizmeti, ihtiyarların çoğul bir şekilde birbirlerine pastörlük etmeleriyle sürdürülebilir olur.

Birkaç yıl önce bir kardeş ihtiyar takımımıza ilk defa katılmıştı. Şakayla karışık bir şekilde eşine "Denenmeler için hazır mısınız?" demiştim.

KİLİSE İHTİYARLARI

"Ne denenmesi?" diye sordu.

"İhtiyar olduğu zaman kocanın ve senin üzerine gelecek olan denenmeler. Sınanmaya hazır olun" diye yanıtladım.

Görünüşe göre sandığımdan daha iyi bir şaka yapmıştım. Bize ihtiyar olarak hizmet ederken, işini kaybetti ve bir yıldan uzun bir süre işsiz kaldı. Bu "mecburi izin" zamanında diğer ihtiyarların devamlı duasını ve teşvikini aldı. Tanrı'nın lütfu ve onların desteğiyle, bu dönemden daha güçlenmiş ve arınmış olarak çıktı.

Eğer bir ihtiyarsanız, risk alın ve başkalarına karşı dürüst olun. Acılarınızı ve korkularınızı, zorluklarınızı ve günahlarınızı açıklamaktan korkmayın. Süpermen'mişsiniz gibi davranırsanız, diğer ihtiyarlar size pastörlük yapamaz. Özellikle de yaşamınızdaki ihtiyaçlarınız için dua etmelerini isteyin. Daha önce de bahsettiğim gibi, bizim ihtiyarlarımız ayda iki kez toplanıyorlar ve bu toplantıların biri duaya ayrılıyor. Bu dua toplantısında birbirimiz için nasıl dua edebileceğimizi soruyoruz. Bu, birbirimizin koyun tarafıyla bağlantıda kalmamıza yardımcı olan küçük bir uygulamadır.

Yıllar önce yine böyle duaya ayrılmış bir ihtiyarlar toplantısında, birbirimiz için nasıl dua edebileceğimizi sorduğumuzda, ihtiyarlardan biri herkese gösterdiği maskesini çıkardı. Tam bir açık yüreklilikle, işiyle ve finansal durumuyla ilgili yaşadığı kriz hakkında konuştu. Bunlar yüzünden hissettiği çaresizliği anlattı. Hassas bir andı ama bir kapı açtı. Diğer ihtiyarlardan birkaçı da o kapıdan girdi ve evliliklerindeki ihtiyaçlarından bahsettiler. O akşam bunun ardından oldukça derin bir dua zamanımız oldu. Birbirimiz için yenilenmiş bir gayret ve şefkatle dua ettik.

Eğer bir topluluğa etkili bir şekilde pastörlük yapacaksanız, kendiniz de ruhsal gözetim altında bulunmalısınız. Bu yüzden kendinizi alçaltın ve diğer ihtiyarların sizinle ilgilenmesine izin verin.

DEMİRİ BİLEMEK

Çoğulluğun özellikle de gönüllü ihtiyarlar açısından, pastörlük işini nasıl sürdürülebilir kıldığına baktık. Takım yaklaşımı, pastörlüğün daha iyi yapılmasını sağlar çünkü hizmetin yükünü paylaştırarak, birbirini tamamlayan yetenekleri ve armağanları bir araya toplayarak ve denenmelerinde ihtiyarları destekleyerek onları tükenmekten korur.

Ama çobanlar için bir başka tehlike grubu daha var: gurur, kontrol sevdası, sertlik, soğukluk ve hatta istismarcılık. Önceki bölümde gördüğümüz gibi, ihtiyarların egemenlik taslamadan önderlik etmesi gerekir. Çoğulculuk, ihtiyarların baskınlık kurma eğilimlerine karşı doğal bir koruma oluşturur, şu özdeyişi uygulamaya dökmeleri için ortam yaratır: "Demir demiri biler, insan da insanı" (Özd. 27:17).

İhtiyarlar sağlıklı bir çoğulluk uyguladığında, bir adamın görüşlerinin ya da eğilimlerinin baskınlık kurması daha zor olur çünkü ihtiyarlar birbirlerini dengeler. Daha yumuşak huylu ihtiyarlar, daha sert ihtiyarları dizginlerler. Eylemciler, analizcileri gerçekten eyleme geçmeye iterler. İman odaklı ihtiyarlar, alınan kararların mali tutuculuktan ve risk yönetiminden ibaret olmamasını sağlarken, uygulama odaklı ihtiyarlar, hayalperestlerin "Tanrı'ya güvenmek" adı altında akılsızca işler yapmalarına engel olurlar. Böyle karşılıklı bir dengeleme, egoistlerin tahammül etmekte zorlanacağı bir atmosfer yaratır.

Ama daha da önemlisi çoğulluk, ihtiyarlardan birisi çizgi dışına çıktığında diğerlerinin onu bununla yüzleştirebilmesini sağlar.

İhtiyar toplantılarımız ara sıra hararetli geçiyor. (Bunun çoğu kilisede böyle olmadığını biliyorum, bu yüzden şimdi hayal gücünüzü kullanmanız gerekebilir). Topluluğumuz güçlü fikirleri olan güçlü önderlerden bereket alıyor ve bu önderlerin birçoğu ihtiyar olarak hizmet ediyor. İhtiyar toplantılarında zor konular ortaya çıktığında, odanın harareti de artabiliyor.

Ama çok kez ihtiyarların toplantıdan sonra birbirlerini kenara çekip konuştuklarını görmek beni etkiliyor. Bazen birisi, çok sert çıkıştığı için diğerinden özür diliyor. O hafta kahve içmek için bir gün ayarlayıp görüş farklılıklarından konuşuyorlar. Bazen bir kardeş bir diğerine toplantı sırasındaki davranışıyla ilgili meydan okuyor ve onu bunu düzeltip yaklaşımını değiştirmeye çağırıyor. Yaşlı ihtiyarlar genç ihtiyarları konuşturmayacak kadar baskınlık kurduklarında, genç ihtiyarlar kibarca buna karşı koyuyorlar. Gözetmenler kilise toplantılarında ayağa kalkıp, önceki toplantılardaki ses tonlarından dolayı topluluktan özür diliyor ve bu, diğer gözetmenlerin onları buna yönelten kibar çağrılarıyla oluyor.

Hiç lafını sakınmayan bir ihtiyarımız var. Bir yandan, ihtiyar olarak aramızda bulunması harika çünkü karşıt görüşleri tutkuyla dile getirebilme becerisi sayesinde sürü psikolojisine girmememize yardımcı oluyor. Onun bu özelliğini giderek daha çok takdir etmeye başladım çünkü ben genelde çatışmadan kaçınıyorum. Ancak diğer yandan, bu lafını sakınmama tavrı ayrılık da yaratabiliyor. Ama ihtiyar toplantılarından sonra beni arayıp bir çizgiyi aşıp aşmadığını ya da özür dilemesi gerekip gerekmediğini sorar. "Evet, biraz sert çıkışmış olabilirsin" dersem, bu ihtiyar hemen durumu düzeltmek için adım atar. Yıllar içerisinde, onun bu sözünü sakınmadan konuşma armağanını kaybetmeden giderek daha kibar, düşünceli ve duyarlı oluşuna tanık oldum.

TADINI ÇIKARMAK

İhtiyar çoğulluğuyla ilgili son bir noktaya daha işaret etmek istiyorum. Yalnız kurt olarak çobanlık etmektense, bir takım olarak pastörlük yapmak daha tatmin edici ve hatta eğlencelidir. Yaklaşık on beş yıldır yürüttüğüm pastörlük hizmetine dönüp bakınca, hizmetimde en keyif aldığım şeylerden birinin topluluğumdaki gönüllü ihtiyarlarla birlikte hizmet etmek olduğunu söyleyebilirim. Bu adamlar benim için ve birbirleri için bir kardeşlik takımı oldular. Kahkahaları ve gözyaşlarını paylaştık. Birlikte zaferler kutladık ve çözümsüz görünen sıkıntılar içindeyken birlikte dua ettik. Hizmetimdeki bazı en zor anlarımda, bazen kelimenin tam anlamıyla, yanımda oldular. Birçok zaman onlara iyi önderlik ettim. Ama bazen de onlar beni düştüğüm yerden kaldırıp tekrar önderlik edebileceğim noktaya kadar taşıdılar.

Eğer maaşlı tek bir pastörün bulunduğu ve başka hiçbir ihtiyarın bulunmadığı bir kilisedeyseniz, kilisenizi gönüllü gözetmenler görevlendirmeye yöneltmek için tüm nüfuzunuzu kullanmanız için size yalvarırım. Tek pastörlü düzeniniz sadece Kutsal Kitap'a uymamakla kalmıyor, aynı zamanda pastörünüzü onun için hayati olan destekten ve hizmetinden duyabileceği derin tatminden de mahrum bırakıyor. Ayrıca kilise üyeleriniz de birden fazla pastörden daha iyi bir ilgi görmekten ve aralarından önderler çıktığını görme sevincinden yoksun kalıyorlar. Topluluğunuzda, gelişim fırsatlarını kaçıran adamlar var ve bu gelişim ancak bir topluluğa gözetmenlik etmek üzere imanla adım atmaları halinde mümkün.

İhtiyarlara (çoğul) ihtiyacınız var. Bu, İsa'nın kiliselerindeki çobanlığın etkili, sürdürülebilir olması için olan plandır.

7

OLGUNLUK ÖRNEĞİ GÖSTERİN

1 Ocak 1996 sabahında, South Shore Baptist Kilisesi'nin geçici yardımcı pastörü olarak ofisime oturdum. "Geçici yardımcı pastör" kadar işinizin güvende olduğunu ve önemli olduğunuz hissini veren başka bir unvan olamaz.

Ama o sabah sadece okulu bitirdiğim ve gerçek bir hizmet işine başladığım için mutluydum. Birkaç hafta önce son teoloji derslerimi bitirmiş, iki buçuk yıllık tam zamanlı yüksek lisans eğitimimi tamamlamıştım. Teoloji okulundan hemen önce, Kutsal Kitap çalışmaları alanında dört yıllık lisans eğitimi almıştım. Altı yıldır kesintisiz eğitim gördükten sonra sonunda bir pastör olmak için gereken her şeye sahiptim: iki teoloji diploması, büyümekte olan bir yorum kitapları koleksiyonu ve vaizlik derslerimde hazırladığım, vermeye hazır birkaç vaaz. Başka neye ihtiyacım olabilirdi?

Eksik olan "küçük" bir şey vardı: Bir topluluğa gerçek yaşamda nasıl pastörlük yapacağımı bana gösterecek birisi.

Tanrı da bana Ray'i verdi.

Kilise, beni çağırmalarından birkaç hafta önce geçici pastör olarak Ray'i işe almıştı. Ray bilge ve yaşlı bir New Englandlı pastördü ve önümüzdeki bir buçuk yıl boyunca bana kiliseye nasıl çobanlık edildiğini gösterdi. İhtiyar takımımızdaki güçlü dalgaları nasıl idare ettiğini gördüm. Pastörel danışmanlık oturumlarına katıldım ve hastane ziyaretlerine onunla birlikte gittim. Düğünler ve cenazeler için bana taslaklar verdi ve onları bugün bile kullanıyorum. İyi pastörlüğün nasıl yapıldığını iş başında gördüm. Bazen şakayla karışık şöyle diyorum: "Pastörlüğümde iyi bir şey yapıyorsam, muhtemelen Ray'den kopyaladığım içindir; yanlış bir şey yapıyorsam, muhtemelen doğaçlama gittiğim içindir."

Ama hizmet becerilerini öğretmesinden de ziyade, Ray bana bir pastörün karakterinin ve kalbinin örneğini göstermişti. Bir Yankee (kuzey eyaletlerinden olan) kilisesinin takip edebileceği kadar yavaş bir tempoyla değişim getirirken, sabır örneği gösterdi. İstediğini alamadığında bile nezaket, alçakgönüllülük ve hatta sevinç gösterdi. Tanrı'ya güvendi ve dua ederek problem üstüne problem çözdü. Tüm bunlar bir yana, Ray kilisedeki insanları gerçekten seviyordu ve onlar da bunu biliyorlardı. Sonunda, Ray bana sadece nasıl bir pastör olunacağını göstermekle kalmadı, aynı zamanda tüm kiliseye İsa'yı nasıl izleyeceklerini gösterdi.

BENİ ÖRNEK ALIN

Ray'le olan tecrübem bana Pavlus'un Korint kilisesine söylediklerini düşündürüyor: "Mesih'i örnek aldığım gibi, siz de beni örnek alın" (1.Ko. 11:1). Bu size tuhaf geliyor mu? Hiç başka bir Hristiyan'a, Mesih'i örnek aldığınız gibi sizi örnek almasını söylediniz mi? Bu kulağa biraz küstahça geliyor, sanki sessiz sinemanın kilise versiyonu gibi. Kutsal Kitap çalışma grubunuza ya da kilisedeki diğer komite üyelerinize şöyle dediğinizi düşünün: "Hepinizin bilmesini isterim ki, ben İsa'yı gayet iyi takip ediyorum, dolayısıyla beni örnek alsanız, iyi edersiniz." Belki bu sadece Pavlus'un söyleyebileceği bir şeydi. Sonuçta o bir elçiydi. "Beni örnek alın" gibi büyük lafları o edebilirdi.

Ama Pavlus daha ileri de gitti. Sadece "beni örnek alın" demekle kalmadı, aynı zamanda Filipi'deki kiliseyi onu örnek alanları dinlemeye de çağırdı: "Kardeşler, hepiniz beni örnek alın. Size verdiğimiz örnek uyarınca yaşayanlara dikkatle bakın" (Flp. 3:17). Bu ayetin ikincisi cümlesine dikkat etiniz mi? "Verdiğim" değil, "verdiğimiz" diyor. Filipililer'de bu "biz", Pavlus ve Timoteos'u ifade ediyor (1:1). Yani rol modeller grubu sadece Pavlus'u değil, ayrıca Timoteos'u ve Filipi'de Pavlus'la Timoteos'un yaşamını örnek almış diğer Hristiyanları da içine alacak şekilde genişletiliyor.

Timoteos'a mektubunda Pavlus, genç öğrencisine örnek alınacak bir model olmasını açıkça öğütlüyordu: "Gençsin diye kimse seni küçümsemesin. Konuşmada, davranışta, sevgide, imanda, paklıkta imanlılara örnek ol" (1.Ti. 4:12).

Ya örnek alınacak bir model olmak sadece kutsal elçilere özel bir görev değilse? Ya örnek olmak ve örnek almak Hristiyan öğrenciliğinin normal ritmini oluşturan eş vuruşlarsa? Ya olgunlukta büyümek için ihtiyacımız olan şey kiliselerimizde daha fazla Ray'in ve Timoteos'un bizlere örnek olmasıyla?

Bu mantıklı gelir çünkü Tanrı bizi örnek almaya uygun yaratmıştır. Çocukluktan itibaren konuşmayı, davranmayı ve tepki vermeyi etrafımızdakileri taklit ederek öğreniriz. Her baba, bizzat kendi sözlerini çocuğunun ağzından duydu-

KİLİSE İHTİYARLARI

ğu o korkunç anları yaşamıştır. Anneler ergen çocuklarının arkadaş seçimleri konusunda endişelenir çünkü akranlarını örnek almasının ne kadar etkili olabileceğini bilir. Yetişkinler olarak bile birbirimizin aksanlarını, sözlerini, yüz ifadelerini, mizahını, zevklerini, alışkanlıklarını ve hobilerini kopyalarız. Elli yıldır mutlu bir evlilikleri olan çiftlerin yavaşça tek bir kişiye dönüşmüş gibi görünmelerinin sebebi budur.

Modeli ve kopya, örnek ve örnek alan arasındaki bu dinamik, Hristiyan öğrenciliğine de yansır. Ama Hristiyan yaşamı örnek almayla *başlamaz*; bir mucizeyle başlar. Öğrencilik, bir günahkârın Müjde'yi duymasıyla ve bu duydukları aracılığıyla Kutsal Ruh'un doğaüstü bir şekilde onun içsel varlığını değiştirmesiyle başlar. Bunun sonucunda günahkâr günahından tövbe eder, İsa'nın onu kurtarmak için öldüğüne ve dirildiğine inanır. Tanrı'nın gücüyle yeniden doğmuştur ve ağzından ilk kez "İsa Rab'dir!" sözü çıkar. Tanrı'nın egemenliğine girmek için, kişinin tekrar doğması gereklidir. Kimse örnek alma yoluyla imansızlıktan imana geçemez.

Ama şimdi yukarıdan doğmuş, ruhsal bebeğimizin Mesih benzeri olgunluğa erişmesi gerekmektedir. Bu nasıl olur? Bu süreçte birçok faktör vardır, örneğin Tanrı'nın Sözü'nden beslenmek gibi. Ama bir şeye daha ihtiyacı vardır. Bu yeni doğmuş Tanrı çocuğunun, İsa'yla yürümeyi öğrenmek için başkalarının örneğini izleyebileceği bir aileye ihtiyacı vardır. Bir yerel kiliseye ihtiyacı vardır.

Sağlıklı bir yerel kilise, karşılıklı örnek olma ve örnek alma için zengin bir ilişkiler ağı sağlar. Müjde paydaşlığının bir üyesi olarak yeni Hristiyanımız, bağışlanmış bir İsa takipçisinin tuhaf, muhteşem yaşamına uyum sağlama yolunda yeni doğmuş diğer imanlılarla notlarını karşılaştırabilir. İsa'yı kendisinden daha uzun bir süredir izleyen, bu süreçte Ruh'un gücü aracılığıyla günah üzerinde zaferler kazanan ve Tanrı'nın lütfuna güvenerek bazı önemli yaşam fırtınaları atlatan büyük kardeşlerinden öğrenebilir. Elçi Pavlus ve Geçici Pastör Ray gibi, Tanrı yolunda yürüyen ve kendisine "Rab, onlar gibi olmama yardım et" diye dua etmek için ilham veren birkaç anne baba bile bulabilir. İtaatkâr Hristiyan yaşamı hakkında sağlam öğretmeye ve vaaz vermeye olan ihtiyacımızın yanı sıra, kutsallığı pratikte görmeye de ihtiyaç duyarız. Elçilerin İsa'yı, Timoteos'un Pavlus'u ve Jeramie'nin de Ray'i örnek aldığı gibi, örnek alarak büyürüz.

"OLARAK" ÇOBANLIK ETMEK

Tüm bunların ihtiyarlarla ne alakası var? Bu kitabın gözetmenler için bir iş tanımı sunması gerekiyordu. Örnek olma ve örnek almayla ilgili söylenen bu şeylerle ihtiyarların bağlantısı ne?

Bağlantı basit: Tanrı, ihtiyarları örnek almaya değer adamlar olmaya çağırmıştır.

Sağlıklı bir yerel kilisede genelde izinden gidebileceğimiz erkek ve kadın birçok kişi bulunur. Ama kilise bir adamı gözetmen olarak atayınca, bu resmen şu demektir: "İşte kilisenin resmen tanıdığı, olgun bir İsa takipçisi örneği." Tek örnek değildir, mükemmel örnek de değildir ve tüm Hristiyan erdemleri için topluluktaki en iyi örneğin kendisi olması da gerekmez. Ama ihtiyar yine de usulüyle atanmış olan bir örnektir. Birini ihtiyar olarak tanıyarak, kilise şunu der: "Mesih'i örnek aldığı gibi, onu örnek alın". Kilisenin yeni doğmuş bir imanlıyı oradaki bir ihtiyara yönlendirip şöyle diyebilmesi gerekir: "Gerçek bir Hristiyan'ın nasıl olması gerektiğini biliyor musun? Ona bak."

Bir başka ifadeyle, ihtiyarın işi *olarak* ve *yaparak* çobanlık etmektir. İhtiyarlar kiliselere sadece ne yaptıklarıyla değil, kim olduklarıyla da pastörlük ederler. Olmadan yapmak, havada kalır.

Önceki bölümlerde sözünü ettiğimiz ihtiyarın iş tanımındaki unsurları gözden geçirelim. Dikkat ederseniz, yapılacaklar listesindeki her bir unsur, ancak ihtiyarın olunacaklar listesini yerine getirmesiyle mümkündür. Kısacası, Mesih benzeri karakter, pastörlük hizmetinin *olmazsa olmazı*dır.

2. bölümde, ihtiyarın iş tanımının tamamını Mesih benzeri olgunlukta büyümeleri için kilise üyelerine çobanlık etmek olarak özetledik. İhtiyarlar, üyelerin birlikte İsa'nın benzeyişinde gittikçe daha fazla büyümelerine yardımcı olmak için kilise yaşamına yatırımda bulunan pastörlerdir.

Ama bir ihtiyarın kendisi olgun değilse, tanrısallıkta büyümeleri için başkalarına nasıl çobanlık edebilir? Nasıl kötü yatırım kararlarıyla kendi servetini kaybetmiş bir finans danışmanını işe almaz ve nasıl henüz kendisi formda olmayan bir fitness eğitmeniyle çalışmak size güven vermezse, Tanrı'ya yaraşır olmayan, bencil bir ihtiyar da "Beni örnek alın" dediğinde, onu izleyen pek az kişi olur. Kendiniz Mesih'e ne kadar gittiyseniz, başkalarını da ancak o kadar götürebilirsiniz.

3. bölümde öğretme işinden bahsetmiştik. İhtiyarlar Kutsal Kitap'ın gerçeğini açıklar ve yanlış doktrinleri çürütürler. Ama ya bu öğretmenin yaşamı öğrettiği şeylerle bariz bir şekilde çelişiyorsa? Sorgusuz sualsiz her şeyi kabul eden kişiler dışında herkes dinlemeyi bırakır. "Dediğimi yap, yaptığımı yapma" tipindeki öğretmenlere kimse pek sabredemez. Daha da kötüsü, Tanrı'nın halkının ikiyüzlü öğretmenleri bir gün Tanrı'yla yüzleşmek zorundadırlar. Yakup'un şu uyarısı boşuna değildir: "Kardeşlerim, biz öğretmenlerin daha titiz bir yargılamadan geçeceğini biliyorsunuz; bu nedenle çoğunuz öğretmen olmayın" (Yak. 3:1).

Ama bir pastör sağlam öğretiyi sağlam bir yaşantıyla birleştirdiği zaman, asla adanmış bir sürünün eksikliğini çekmez. Ray'in geçici pastörümüz olarak yürüttüğü öğretme hizmetini düşündüğümde, bir vaazı özellikle hatırlıyorum. Diriliş haftasında Ray, Yuhanna 13'te İsa'nın öğrencilerinin ayağını yıkamasıyla ilgili kısmı öğretiyordu. Bu vaazı hatırlamamın iki nedeni var. Öncelikle, harika bir vaazdı. Ray, İsa'nın sadece ayakları yıkayarak değil, aynı zamanda günahları temizlemek için çarmıha giderek yaptığı hizmetkârlıkla ilgili net ve etkileyici konuştu. Ray, topluluğumuzu Müjde'nin ışığında benzer bir alçakgönüllülükle birbirine hizmet etmeye çağırdı.

İkinci olarak ve belki daha önemlisi, bu vaazı hatırlıyorum çünkü hizmetkârlıkla ilgili söylediklerini dinlerken, bu vaazı veren adamda alçakgönüllülüğü, hizmeti ve fedakârlığı görebiliyordum. Ray'in istikrarlı Hristiyan yaşamı, beni onun mesajına kulak vermeye itmişti.

4. bölümde, sürüden uzaklaşan üyeleri izlemeye yönelik zorlu ihtiyar sorumluluğuna değinmiştik. Bu hassas bir iştir çünkü kiliseden uzaklaşan üyeler genelde kırılgan ve yaralıdırlar. Sonuç olarak da başkalarına güvenmekte zorlanırlar. Dolayısıyla karakteri güven vermeyen bir çoban tarafından kovalandıklarında, kayıp koyunlar muhtemelen daha da çok kaçarlar. İhtiyar daha kendine göz kulak olamıyorsa, bir koyun bu çobanın ona "göz kulak olma" girişimlerini nasıl ciddiye alabilir?

Bunu bir adım daha da ileri götürebiliriz. Eğer bir pastörün ikiyüzlülüğü kilisenin dışında da biliniyorsa, insanların Pazar günü kiliseyi ziyarete dahi yanaşmamalarına sebep olacaktır. "Topluluğun dışındakiler tarafından da iyi bir insan olarak tanınmalıdır. Öyle ki, ayıplanacak duruma ve İblis'in tuzağına düşmesin" (1.Ti. 3:7).

5. bölümde özgüvenle ancak aynı zamanda da şefkatle önderlik etme arasındaki gerilimden bahsetmiştik. Yine, Tanrı'ya yaraşır karakter burada da kilit noktadır. Petrus'un söylediği gibi, "Tanrı'nın size verdiği sürüyü güdün... egemenlik taslamadan, sürüye örnek olarak görevinizi yapın" (1.Pe. 5:2-3). Örnek olmak, zorba olmamanın yoludur. İhtiyarlar İsa gibi yaşadıklarında ve İsa gibi sevdiklerinde, kibirli ya da egemenlik taslayan kişiler olarak bilinmezler. Bunun yerine, İsa'yı yansıtan bir alçakgönüllülükleri vardır ve bu, onlara kilisenin severek boyun eğdiği bir ahlaki yetki verir. Eğer ihtiyarlar önderlik edebilmeyi umut ediyorlarsa, örnek olarak önderlik etmelidirler.

Son olarak, 6. bölümde ihtiyar çoğulluğundan bahsetmiştik. Gözetmenler sadece bireyler olarak değil, aynı zamanda bir takım olarak da örnek olurlar. İhtiyar grubunuzu kilisenin küçük ölçekteki hâli olarak düşünün. Çobanların nasıl iletişim kurduğu, problemleri nasıl çözdüğü, birliği nasıl sağlamaya çalıştığı ve zorluklara nasıl birlikte göğüs gerdiği, tüm kilisenin örnek alabileceği yaşayan bir canlandırma olmalıdır. İhtiyar takımının topluca şunu diyebilmesi gerekir: "Bizim birlikte Mesih'i örnek aldığımız gibi, siz de bizi örnek alın."

Bir defasında kilisemizde Kutsal Kitap'a dayalı ihtiyarlıkla ilgili bir ders vermiştim. Dersin bir parçası olarak, bir ihtiyar toplantısını canlı izlemek için bir "eğitim gezisi" yaptık. Sonrasında sınıf üyeleri birlikte yaşadıkları bu deneyimi değerlendirdi. İhtiyarların kendilerini birbirlerine ifade edişlerinde gördükleri sevgiye, alçakgönüllülüğe ve nezakete, bir de bunun yanında kilise üyeleri için dua ederken ihtiyarların gösterdiği içten ilgiye vurgu yaptılar. Sınıftakilerden bazıları o toplantıda ihtiyarlardan daha farklı şeyler, belki daha otoriter, kurumsal ve göz korkutucu şeyler beklemişlerdi. Ama bunun yerine, ihtiyarların etkileşimlerinde İsa'yı andıran bir şey gördüler. Bu, gözetmenlerimiz için iyi bir akşamdı.

Tanrısallığın, ihtiyarların yaptığı her işte nasıl yankılanması gerektiğini görüyor musunuz? Ancak eğer bir ihtiyar Rab'be itaatsizlik ederek doğruluğundan ve dürüstlüğünden taviz verirse, hizmeti ölür. Bir ihtiyarın İsa'yla olan yürüyüşü, iş tanımındaki tüm incilerin üzerine dizildiği bir ip gibidir. Bu ipi keserseniz, tüm inciler yere düşer ve her yana dağılır. Bir ihtiyar yetenekli, tecrübeli ve karizmatik olabilir ama eğer İsa'yı iyi yansıtmıyorsa, olgunluk eksikliği sonunda armağanlarını işe yaramaz kılacaktır. Bir ihtiyarın *oldu-*

KİLİSE İHTİYARLARI

ğu şeyler, yaptığı şeylere güvenilirlik ve güç verir. 1. bölümde gördüğümüz gibi, Kutsal Kitap'ın ihtiyarlar için bu kadar kapsamlı bir nitelikler listesi sunmasının ve bu niteliklerin öncelikle örnek karaktere odaklanmasının nedeni budur. Bir ihtiyarın "ayıplanacak yanı olmamalı"dır (1.Ti. 3:2). Çünkü tüm hizmeti buna bağlıdır.

YAŞANTINIZA DİKKAT EDİN

İhtiyarların kilise için örnek olmalarının hayati önemini düşündüğümüzde, bu bölümü ihtiyarın iş tanımındaki çok önemli bir görevden daha bahsetmeden bitiremeyiz: Her ihtiyar devamlı olarak kutsallığın, sevginin ve ruhsal olgunlaşmanın ardınca gitmelidir. İhtiyarların İsa gibi önderlik etmek için giderek daha fazla İsa'ya benzemeleri gerekir.

Pavlus, Timoteos'a şunu söylemişti: "Kendine ve öğretine dikkat et, bu yolda yürümeye devam et. Çünkü bunu yapmakla hem kendini hem seni dinleyenleri kurtaracaksın" (1.Ti. 4:16). Bu muhteşem bir söz ve muazzam bir sorumluluk. Pavlus burada şunu söylüyordu: Pastör hem kendi ruhunun hem de yaşamına ve öğrettiklerine bakan diğer insanların ruhlarının kurtuluşunda, Tanrı tarafından belirlenen bir rol oynamaktadır.

Bunun öğretmeyle ilgili kısmı bizim için o kadar şok edici olmayabilir. İnsanlar Kutsal Kitap'tan öğretilen Müjde'yi duyarak kurtuluyorlarsa, o zaman bir kilise önderi kendi öğretisini yanlışlara karşı koruduğunda, bu öğreti Tanrı'nın kurtaran lütfunun bir aracı olabilir.

Olgunluk Örneği Gösterin

Ama peki çobanın yaşamı? Çoban kendi yaşamına dikkat ederek ve "konuşmada, davranışta, sevgide, imanda, paklıkta" imanlılara örnek olarak (12. ayet), kendi kurtuluşunda ve topluluğundaki insanların kurtuluşunda belirli bir rol oynar. Tanrı'nın Ruhu, gözetmenin iyi bir şekilde baktığı yaşamını bir şekilde kilisedeki diğer insanların kurtuluşu için kullanmaktadır. Bundan dolayı, örnek olmak ve örnek almak isteğe bağlı bir seçim değildir. Yerel kilisede ruhsal ilerleme kaydetmemizin temelinde yatan şeylerdir.

Bu nedenle ihtiyar kardeşim, her şeyden önce yaşamınıza dikkat edin. Eğer Pavlus'la birlikte, "Mesih'i örnek aldığım gibi beni örnek alın" (1.Ko. 11:1) demek istiyorsanız, o zaman önce onunla birlikte şunu demelisiniz: "Müjde'yi başkalarına duyurduktan sonra kendim reddedilmemek için bedenime eziyet çektirip onu köle ediyorum" (1.Ko. 9:27).

Ruhunuzu ve sizi görevden menedebilecek eğilimlerinizi bilin. Yüreğinizin duvarındaki zayıf noktaların, ayartıların saldırmayı tercih ettiği bu yerlerin farkında olun. Günaha karşı mücadele etmeye ve onu bulduğunuz her yerde Ruh'un gücüyle öldürmeye devam edin (Rom. 8:13). Ruh'un yönetiminde yaşayın ki (Gal. 5:16), benliğin işleri solsun ve Ruh'un meyveleri olgunlaşsın (19-23. ayetler). Tanrı Sözü'nün düşüncelerinizi yenilemesine izin verin ki, devamlı yeni yaradılışı giyinesiniz (Ef. 4:22-24). Bedeninizi her gün yaşayan bir kurban olarak sunun (Rom. 12:1-2).

KİLİSE İHTİYARLARI

MÜJDE'Yİ İLERLETMEK

İhtiyar olduğunuz için yolun sonuna vardığınızı düşünmeyin. Tam tersine: Bir kilise gözetmeni olmak, sizi İsa'ya benzeme yolunda daha ileri gitmeye itmelidir.

Topluluğunuzun yalnızca Tanrı'ya yaraşır bir ihtiyar değil, aynı zamanda büyüyen bir ihtiyar görmesi gerekir. Pavlus, Timoteos'a sadece yaşamına dikkat etmesini değil, aynı zamanda başkalarının önünde de ilerleme kaydetmesini söylemişti: "Bu konuların üzerinde dur, kendini bunlara ver ki, ilerlediğini herkes görsün" (1.Ti. 4:15). Bu ilginç değil mi? Topluluğunuzun mükemmellik değil, ilerleme görmeye ihtiyacı var. İsa mükemmellik kısmını zaten halletmiş durumda. Kilisenin sadece Mesih'te büyüdüğünüz kadarını değil, aynı zamanda ve bir o kadar da önemlisi, hâlâ büyümeye devam edişinizi de örnek alması gerekir.

Bir başka deyişle, kilisenin Müjde'nin hâlâ yaşamınızı değiştirdiğini görmesi gerekir. Koyunların, sizin de düzenli olarak günahtan tövbe ettiğinizi bilmeleri gerekir. İsa'nın diriliş gücünü ruhunuzda hissetmek için yakararak dua ettiğinizi duymaları gerekir. Her gün Kutsal Kitap'ı okuduğunuzu ve dua ettiğinizi bilmeleri gerekir ama bu, kilisenin atanmış süper kutsal adamı olduğunuz için değil, her gün ayartıya karşı koyma ve Rab'be hizmet etme gücünü gündelik olarak göksel ekmekle beslenmeksizin bulamayacağınızı öğrendiğiniz içindir.

Müjde'ye bağlı ilerleme konusunda bizzat örnek olarak, kilise üyelerini kendinizden daha öte bir şeye yönlendirirsiniz. Onların bakışlarını İsa'ya, benzeyişine dönüşmekte oldukları Kişi'ye yönlendirirsiniz.

8

SÜRÜ İÇİN YAKARIN

Son yedi bölümde ihtiyarların Kutsal Kitap'taki iş tanımını inceledik. Bu iş tanımını özetlemeye çalışırken, bu işin kilise üyelerine Mesih benzeri olgunluğa erişmeleri için çobanlık etmekle ilgili olduğunu özetledik. Ama ayrıca ihtiyarların *yerel kiliselere İsa gibi çobanlık etmek* için çağırıldıklarını da söyleyebiliriz.

Bir ihtiyarın emekleri, İsa'nın kendi öğrencilerine olan hizmetiyle birçok ortak unsuru paylaşır. İsa Tanrı'nın Sözü'nü öğretti, ihtiyarlar da aynı Söz'ü öğretmeye devam ediyor. İsa kaybolanları aramak ve kurtarmak için gökten indi; benzer şekilde ihtiyarlar da bazen kendileri bedel ödeme pahasına sürüden uzaklaşanların izini sürerler. İsa, Tanrı'nın benzeyişini mükemmel bir şekilde somutlaştırır; ihtiyarlar da İsa'yı benzer şekilde örnek almaya çalışarak kilise üyelerine örnek olurlar. İhtiyarlar öğreterek, önderlik ederek, iz sürerek, hizmet ederek ve İsa gibi örnek olarak kiliselere çobanlık ederler.

Ama bir şeyi unutuyoruz. İhtiyarların İsa'nın hizmetinin diğer "yarısı"nı da taklit etmeleri gerekir. İsa gibi çobanlık yapmak demek, İsa gibi dua etmek demektir:

KİLİSE İHTİYARLARI

Ne var ki, İsa'yla ilgili haber daha da çok yayıldı. Kalabalık halk toplulukları İsa'yı dinlemek ve hastalıklarından kurtulmak amacıyla akın akın geliyordu. Kendisi ise ıssız yerlere çekilip dua ediyordu. (Luk. 5:15-16)

Bu ayetler İsa'nın hizmetini tutkuyla yapışının özetidir. Bu özetin ilk yarısını, yani insanlara olan hizmetini gayet iyi biliyoruz çünkü Müjde kitaplarında bol bol anlatılıyor. İsa'nın öğrettiğini, mucizeler yaptığını ve insanlara hizmet ettiğini tekrar tekrar görüyoruz.

Peki ya bu özetin diğer yarısı? İsa'nın "sıklıkla" dua etmek için bir yere çekilip kendi başına kaldığı kısım? Bununla ilgili pek fazla şey bilmiyoruz ve bunun başlıca nedeni, Müjde yazarlarının İsa'nın dua yaşamıyla ilgili pek fazla detaya girmemiş olmalarıdır. Ama dikkatimizi verirsek, İsa'nın hizmetinin bu az vurgulanmış ancak son derece hayati olan bu boyutunun izlerini tekrar tekrar bulabiliriz. Luka'nın yazdıklarını okumaya devam edelim:

- İsa kendi vaftizinde dua etti, o sırada gökler açıldı, Ruh indi ve Baba konuştu (3:21-22).

- İsa Kefernahum'daki hizmetinin yoğun bir gününe başlarken, muhtemelen dua etmek için ıssız bir yere gitti (4:42; krş. 5:16).

- On iki öğrencisini seçmeden önce tüm gecesini dışarıda dua ederek geçirdi (6:12).

Sürü İçin Yakarın

• İsa öğrencilerini de yanına alıp gizlide dua etti (9:18); hatta Petrus, Yakup ve Yuhanna'yı da dağda dua etmek üzere yanına aldı. O'nun görüntüsünün değişmesine burada tanıklık etmişlerdi (9:28).

• İsa'nın başkaları için dua etmede ortaya koyduğu örnek, öğrencilerin O'ndan kendilerine dua etmeyi öğretmesini istemelerine sebep oldu (11:1). İsa da onlara Rab'bin Duası'nı öğretti.

• Israrcı dul benzetmesini anlatarak onlara, "hiç usanmadan, her zaman dua etmeleri gerektiğini" gösterdi (18:1).

• Çarmıha gerilmeden sadece birkaç saat önce, İsa Getsemani'deki ayartıya karşı koymak için Baba'ya yakardı (22:39–44).

• Luka'nın yazdığı diğer kitap olan Elçilerin İşleri'nde, İsa'nın ayrılışından sonra elçiler "tam bir birlik içinde sürekli dua ediyordu" (1:14).

• Kilise doğduğunda ve sayıca büyüdüğünde, elçiler topluluğun gündelik ihtiyaçlarıyla ilgilenmenin dua zamanını azalttığını fark etti. Bu yüzden, kilisenin giderek artan idari ihtiyaçlarıyla ilgilenmeleri için yedi adam görevlendirmeyi önerdiler (6:1-3). Elçiler tekrar kazandıkları bu zaman ve enerjiyle ne yapacaklardı? Şöyle dediler: "Biz ise kendimizi duaya ve Tanrı sözünü yaymaya adayalım" (4. ayet).

KİLİSE İHTİYARLARI

Elçiler İsa'nın gösterdiği vaaz ve duadan oluşan iki boyut-lu hizmeti sürdürdüler.

Elçilerin ve hatta Rab İsa'nın enerjisinin bu kadar büyük bir kısmını kasıtlı olarak duaya ayırmış olması size tuhaf gö-rünüyor mu? Baba'yla konuşmak, yaşamınızda ve hizmeti-nizde İsa ve elçiler için olduğu gibi önemli bir yer kaplıyor mu?

DUAYLA YAŞAMAK

Dua pratiğimizin tek motivasyonu İsa'nın Baba'yla olan kişisel birlik örneği olmamalı, bunun aynı zamanda çobanlık işinin talepkâr doğasının gereği olduğunu da hatırlamalıyız. Pastörlük hizmeti sizi şöyle ya da böyle bir şekilde dua etmek için dizlerinizin üstüne çöktürebilir.

Geldiğimiz bu noktada, topluluğu gözetme konusun-da sağlıklı bir endişe taşıdığınızı umuyorum. Bu iş yorucu olabilir. Öğretmek, akıl hocalığı yapmak, yüzleştirmek, iz sürmek ve insanlara önderlik etmek çok zaman alır ve sizi yıpratabilir. Pastörlük yapmak zamanınızın ne kadarını alır-sa alsın, her zaman yapılabilecek daha fazlası vardır. Bir ih-tiyar her zaman bir telefon daha açabilir, bir öğrenci daha yetiştirebilir, bir kişiyi daha yemeğe davet edebilir. Peki bir çoban işin ne zaman *tamam* olduğundan emin olabilir?

İhtiyarların vakıf yöneticisi moduna geçmelerinin bu ka-dar kolay olması boşuna değildir. Birkaç saat boyunca bir masanın etrafında oturmak, birkaç yöntem üzerinde konuş-mak ve birkaç oylama yapmak çok daha kolaydır. Çobanlığın "tamam" olduğu zaman, toplantının sonlandırıldığı zamandır. Ama insanlara pastörlük hizmeti vermeye başladığınız-da, ister maaşlı bir personel ister gönüllü bir gözetmen olun, zamanınızın, enerjinizin, bilginizin ve armağanlarınızın sınırlarıyla yüzleşirsiniz. Umut ederiz ki, bu yüzleşme sizi Tanrı'ya yardım için yakarmaya yöneltir. Dua ihtiyarlar için sadece bir görev değil, olmazsa olmaz bir hayatta kalma stratejisidir.

Ama ihtiyarların dua etmesini gerektiren tek şey işlerinin kapsamı değil, aynı zamanda amacıdır. 2. bölümde görmüş olduğumuz gibi, ihtiyarlar kilise üyelerini Mesih'te olgunlaştırmayı hedefler ama kendileri kimseyi ruhsal olarak geliştirme gücüne sahip değildirler. Gözetmenler Kutsal Kitap'ı öğretebilir ama insanların ona yürekten uymalarını sağlayamaz. Bir ihtiyar kavgalı üyelere barışmalarını nasihat edebilir ama tarafların birbirini bağışlamasını sağlayamaz. Tanrı ihtiyarlara sadece kendisinin gerçekleştirebileceği bir hedef vermiştir. Pavlus'un, çobanlarını fazla yücelten Korint kilisesine hatırlattığı gibi: "Tohumu ben ektim, Apollos suladı. Ama Tanrı büyüttü. Önemli olan, eken ya da sulayan değil, ekileni büyüten Tanrı'dır" (1.Ko. 3:6-7).

Ruhsal yetersizliğimiz, topluluklarımızın gelişimi için bizi Tanrı'nın gücünü aramaya yöneltmelidir. İlyas gibi sunağı onarabilir ve kurbanı hazırlayabiliriz ama insanların yüreklerine ve yaşamlarına Ruhu'nun ateşini Tanrı göndermelidir (bkz. 1.Kr. 18:30-39).

Eğer bir ihtiyarın iş tanımının bu talepkâr kapsamı ve insanın gözünde imkansız görünen başarı ölçütleri, onun yardım bulmak adına göklere yakarması için yeterli değilse, aynaya bir kez bakması yeterli olacaktır. Biraz olsun öz-far-

KİLİSE İHTİYARLARI

kındalığı olan bir ihtiyar, günah işlemeye olan yatkınlığının hizmetini mahvedebileceğini bilir. Kutsal Kitap'ı açar ve İbrahim'in aldanışında, Davut'un şehvetinde, İlyas'ın buhranında, Hizkiya'nın gururunda ve Petrus'un ihanetinde kendi yüreğini görür. Bunlar da yeterince kötü gelmezse, kükreyen aslan gibi yutacak birini arayan bir düşmanın olduğunu okur (1.Pe. 5:8). Bir ihtiyar kendisinin susamış, yaralı, başıboş ve av için aranan bir koyun olduğunu fark ettiğinde, İyi Çoban'dan yardım istemek için meleyecektir.

Evet, İsa'nın örneği biz ihtiyarları dua etmeye çeker. Ama pastörlük hizmetinin talepleri ve kendi zayıflıklarımız da bizi imkânsızı başarmak için İsa'dan yardım istemeye itmelidir. Gözetmenler sadece İsa gibi çobanlık etmek için dua etmezler; İsa'nın bu çobanlık işini bizim aracılığımızla ve bize yapmasına ihtiyacımız olduğu için de dua ederiz. Bir ihtiyarın hizmeti duayla yaşar.

DUA ALIŞKANLIĞI

Duayla beslenen bir ihtiyarlık hizmeti nasıl görünür? İsa'dan esinlenen ancak sorumluluklarından dolayı çaresiz hisseden ihtiyarlar, duanın sesini nasıl açabilir?

Duayı halihazırda dolup taşan programınıza koyacak ilave bir aktivite olarak düşünmemeye çalışın. Bunun yerine, onu bütün ihtiyar uygulamalarının üzerinde çalıştığı işletim sistemi olarak görün. Pavlus'un dediği gibi, "Sürekli dua edin" (1.Se. 5:17). En iyisi, duanın devamlı Tanrı'ya bağımlı olma durumunun sözlü bir ifadesi olarak dışarı taşmasıdır. Tıpkı karakter gibi, duanın da ihtiyarın yaptığı her şeyde akması gereklidir. Dua, Ruh'un yaşamını yaşamlarımıza ve emeklerimize getiren bir tür düzenli ruhsal nefes alıp verme gibi olmalıdır.

İhtiyarlık hizmetinize duada aracılık etmeyi dahil etmek (şefaat) için kullanabileceğiniz dört yaklaşım şunlardır:

Topluluk Önünde Dua

Başkalarının önünde önderlik yaptığınız her anı dua etmek için bir fırsat olarak kullanın. Dua konusunda fırsatçı olun. Rab'bin Sofrası'nı dağıtırken, Pazar okulu dersi verirken, hizmet eğitimi seminerinde konuşurken ya da bir kilise toplantısında moderatörlük yaparken, o anda yetkinizden faydalanarak sizinle toplanan grup için dua edin. Grupça bir problemi çözmek için diğer kilise üyeleriyle bir araya geldiğinizde, "Belki durup Rab'den yardım dilemeliyiz" diyen kişi olun. Topluluğunuzun herhangi bir toplantısında dua etmek istediğinizi söylediğinizde, kimse *asla* itiraz etmeyecektir.

Duanın kendi başına sahip olduğu değerin yanı sıra, toplantılarınıza duada aracılık etmeyi dahil etmek, bizzat kendiniz örnek olarak insanlara dua etmeyi öğretme fırsatı da verir. Bir araya toplanmış üyeler için dua ederken, içten, dengeli dua etmeye çalışın. Sadece topluluğun bireysel ihtiyaçları için değil, diğer kiliseler için ve bölgenizde yeni kiliselerin açılması için de dua edin. Sadece kendi ülkenizdeki yaklaşan seçimler için dua etmeyin, Müjde'nin bütün dünyada yayılması için dua edin. Gündelik ekmeğiniz için dua edin ama Tanrı'nın egemenliğinin gelmesi ve isteğinin gerçekleşmesi için de dua etmeyi unutmayın. Dualarınıza Kutsal Kitap'taki birçok duada olduğu gibi, Tanrı'nın karakterini ve işlerini överek başlayın: "Adın kutsal kılınsın"! (Mat. 6:9). Siz Kutsal Kitap'taki dua örneklerini örnek aldıkça, Tanrı'nın lütfu sayesinde, insanlar da sizin dualarınızı örnek alacaklardır.

Topluluk önünde bu şekilde dua ettiğinizde, sadece nasıl dua edileceğinin örneğini göstermekle kalmaz, aynı zamanda Tanrı'ya bağımlı olma tavrının da örneğini göstermiş olursunuz. Ruhsal önder "Tanrı'nın yardımına ihtiyacımız var" dediğinde, takipçilere güçlü bir mesaj göndermiş olur. Tanrı'ya bağımlı olma tavrıyla topluluk önünde edilen dua, egemenlik taslamadan önderlik yapmanın bir başka yoludur.

Teoloji okulundayken, Meredith Kline adlı bir hocam vardı. Dersini aldığım sırada emekli olmak üzereydi. Dr. Kline, Kutsal Kitap teolojisi alanındaki uzmanlığından ötürü büyük takdir görürdü. Kutsal Kitap'ın hikâyesinin bir bütün olarak nasıl tutarlı olduğunu anlamaya ve açıklamaya yönelik bir tutkusu vardı. Ama beni etkileyen şey sadece sunduğu bu kapsamlı teolojik çerçevenin Kutsal Kitap'ı bir bütün olarak okumama yardımcı olması değildi. Dr. Kline beni dua edişiyle de etkilemişti.

Her derse dua ederek başlardı. Kuru, gıcırtılı ve biraz alçak tonda bir sesi vardı; topluluk önünde duada aracılık etme işine pek uygun değildi. Ayrıca *uzun* dualar ederdi. Dr. Kline genelde on dakika ya da daha fazla süre boyunca dua ederdi. Ama Tanrı'yla olan konuşması insanı hayran bırakıyordu. Dua ederken, sanki Kutsal Kitap ve teolojiyle ilgili engin bilgisini alıyor ve tapınma ve Tanrı'ya olan hayranlığa dönüştürüyordu. Büyük bir entelektüelin kendini Tanrı'nın büyüklüğü önünde alçaltışını, Tanrı'nın İsa'daki kurtaran işini enine boyuna tadışını görüyordum. Bu küçük yaşlı adam her derste kalbime dokunuyor, bana onun gibi Tanrı'yı tanıma ve Tanrı'yla konuşma isteği veriyordu. Topluluk önündeki sahnesini topluluk önünde dua etmek ve böylelikle öğrencilerinin yaşamlarında harika bir etki bırakmak için kullanıyordu.

Pek az ihtiyar ya da pastör ilim anlamında Dr. Kline'ın derinliğine sahiptir. Ama tüm kilise gözetmenlerinin içten, Kutsal Kitap'a dayalı dualar etmek için kullanılabilecekleri topluluğa açık alanları vardır. Üstelik bunu yapmak doktora diploması da gerektirmiyor.

Presbiter Duası

Duayı "presbiter toplantıları"nızın ayrılmaz bir parçası yapın (*presbiter* kelimesi *ihtiyar* için kullanılan bir başka kelimedir). Artık toplantıları duayla "açmak" ve "kapatmak" için birinden dua etmesini istemenin ötesine geçme zamanıdır. Toplandığınız her seferinde uzun bir duayla aracılık etmek için zaman ayırın. Hatta, bunu toplantı gündeminin ilk maddesi yapın.

Ayrıca, toplantı boyunca aralara doğaçlama dualar eklemekten çekinmeyin. Bob'un bunu ihtiyar toplantılarımızda yapma şeklini takdir ediyorum. Bazen ağır konular konuşmamız gerekiyor. Örneğin, bir kilise üyesiyle ilgili üzücü bir durum söz konusu oluyor ya da seçeneklerin siyah beyaz olmadığı bir konuda zor bir karar vermek gerekiyor. Bob genelde elini kaldırıp şöyle diyor: "Bir süreliğine durup bununla ilgili dua edebilir miyiz?" Zor kararlar vermek yukarıda bahsettiğim ihtiyar uygulamalarından biridir ama Tanrı'ya bağımlı bir şekilde dua etmekse işletim sistemidir.

İhtiyar toplantılarınızı ve ihtiyar emektaşlarınızı geliştirmenin bir yolu, kilisenizin üye listesi üzerinde birlikte sistematik olarak dua etmektir. Bunu yaptığınızda, sadece üyeleriniz onlar için dua edilmesinin bereketlerini almakla kalmaz, aynı zamanda siz ve diğer ihtiyarlar kilisenin çarklarının dönmesine odaklanmak yerine tekrardan kilise üyelerine odaklarsınız. İhtiyarlar, yeni ısıtma sistemine ne kadar harcanacağını ya da şehirdeki bir sivil kulübün kilise binasında etkinlik düzenlemesine izin verilip verilmeyeceğini tartışmak yerine, üyeler için duada aracılık etmekten daha fazla tatmin duyabilirler.

Benim kilisemdeki ihtiyarların tüm bunları nasıl gerçekleştirmeye çalıştığını anlatayım. Bunu ihtiyar toplantılarınızdaki dua zamanı için örnek bir model olarak sunuyorum ama kesinlikle en iyi yolu olduğunu söylemiyorum. Bizim ihtiyarlarımız ayda iki kez resmi olarak toplanıyor. İlk Salı günü "dua" toplantımız, üçüncü Salı günüyse "iş" toplantımız var. İş toplantılarında da dua etmeye çalışıyoruz ama dua toplantısı kadar kapsamlı olmuyor.

Her toplantıda kilisede olduğunu bildiğimiz ihtiyaçları birbirimizle paylaşıyoruz ve buna ihtiyarlar olarak bizim kendi ihtiyaçlarımız da dahildir. Sonra zamanın geri kalanını bu istekler için ve kilisenin üye listesinin belirli bir kısmı için dua ederek harcıyoruz. İhtiyarların dua toplantısı, muhtemelen en sevdiğimiz kilise aktivitelerinden biridir.

Sürü İçin Yakarın

Son bir düşünce sunayım: İhtiyar emektaşlarınızı özel dua ve hatta oruç dönemlerine çağırmayı düşünün. İhtiyarlarımız kilise yaşamında zor zamanlarla yüzleştiğinde, ara sıra bir haftayı oruç ve duaya ayırıyoruz. Oruç günleri farklı ihtiyarlara veriliyor, böylece tüm haftayı kapatıyoruz. Bunu daha sık yapmamız gerekiyor.

Kişisel Dua

"Kişisel" duayla kastettiğim şey, kendi başınıza dua etmek değil (bundan daha sonra "özeldeki dua" olarak bahsedeceğiz). Kişisel dua derken, üyelerin birebir olarak ettikleri duadan bahsediyorum.

Yine, bu dua da ihtiyarın "yapılacaklar" listesine katılacak ilave bir aktivite değildir. Bunun yerine, çobanlık işinizin düzenli bir parçası olması gerekiyor. Bir kilise üyesiyle ne zaman konuşsanız, onlar için hemen orada o zamanda dua etmeye çalışın. Biriyle kahve için buluştuğunuzda ya da evinizde bir akşam yemeğinden sonra konuşurken, konuştuğunuz tüm bu şeyleri alın ve Tanrı'nın önüne getirin. Pazar ibadeti sonrasında kilisenin kalabalık koridorunda dikilirken bile, bir üye sizinle bir durumunu ya da sıkıntısını paylaştığında, hemen orada durmayı ve "Bununla ilgili şimdi dua edebilir miyim?" diye sormayı deneyin. Kimsenin bunu reddettiğini görmedim.

Ayrıca ihtiyar takımınızın Yakup 5:14-15'i uygulamaya geçirmesinin bir yolunu bulun:

KİLİSE İHTİYARLARI

İçinizden biri hasta mı, kilisenin ihtiyarlarını çağırtsın; Rab'bin adıyla üzerine yağ sürüp onun için dua etsinler. İmanla edilen dua hastayı iyileştirecek ve Rab onu ayağa kaldıracaktır. Eğer hasta günah işlemişse, günahları bağışlanacaktır.

Bu ayetler birçok ilginç soruyu doğurmaktadır. Örneğin, "Yağ kullanmalı mıyız?" "Hastalıkla günah arasındaki ilişki nedir?" ve "İhtiyarın hastalar için ettiği duanın bağışlamayla ilişkisi ne?" Burada amacım bu ayetin detaylı bir yorumunu yapmak değildir. Sadece "Siz ve ihtiyar emektaşlarınız, Yakup'un söylediği gibi hasta insanlar için dua ediyor mu?" sorusunu sormak istiyorum.

İhtiyarlarımız bu uygulamayı yaşama geçirdi ve birçoğu bunun ihtiyarlık hizmetinin en önemli yanlarından biri olduğunu söylemekte. Tanrı'nın çalıştığını gördük ve görüyoruz. Bazen Tanrı hasta üyelere bir süreliğine bir rahatlık veriyor. Bazen Tanrı mucizevi şifalar vermiş gibi görünüyor ve bunlar onkologların şaşkınlıkla başlarını kaşımalarına neden olacak türden şifalar oluyor. Bazen de Tanrı hasta üyenin bedeninde bir şifa gerçekleştirmiyor ama kişi ruhsal olarak iyileşip dayanma gücü buluyor.

Ben bunları yazarken, babam kanserle mücadele etmekte. O ve annem de topluluğumuzun üyeleri. İhtiyarlardan dua istediler ve ihtiyarlar gelip onun için dua ettiler. Tanrı'nın bu şifa duasını nasıl cevaplayacağını henüz bilmiyoruz. Ama şunu söyleyebilirim ki, Tanrı yolunda yürüyen bir düzineye yakın adamın, ebeveynlerimin oturma odasında kalplerini onlar için Tanrı'ya dökmeleri, hem ebeveynlerim için hem de o adamlar için derinden etkili bir zamandı.

Özeldeki Dua

Son olarak, kendi başınıza duada aracılık etmek ve Tanrı'yla paydaşlık kurmak için zaman ayırmanız şarttır. Umarım ki bu noktaya kadar, neden bir ihtiyar olarak kesinlikle özel bir dua zamanınızın olması gerektiğin oldukça netleşmiştir. Eğer Rab'la yakın bir ilişki içerisinde yürümezseniz, yoldan sapar ve belki yanınızda koyunları da götürürsünüz.

Özeldeki duayı yaşamınızla bütünleştirirken amaçlı olun. Bir şekilde, bir yerde, her gün dua zamanı ayırın. Ulaşım sırasında, köpeğinizi gezdirirken veya gündelik işlerinizi yaparken dua edin. Yanınızda bir üye listesi taşıyın ve boş zamanlarınızda her bir kişiyi Tanrı'nın önünde hatırlayın.

Özel dua zamanı ve İsa'yla Söz'ü aracılığıyla paydaşlık etmek, pastörlerin en çok ihmal ettiği alışkanlıklar arasındadır. Ama ironik bir şekilde, bunlar yaşamlarımızda ve hizmetlerimizde ruhsal canlılık için en belirleyici olan uygulamalardır. İsa'nın ast-çobanları kendilerini bütçelere, e-postalara ve politikalara verdikleri kadar duaya verseler, yerel sürülerimizde neler olurdu?

DUA TOPLANTISINA KATILIN

Bu bölüme İsa'nın dua pratiğinden bahsederek başladık. Dua onun halkın önündeki hizmetini besledi ve ilerletmişti. İhtiyarlar İsa'nın (ve elçilerin) örneğine bakmalı ve O'na benzemeye çalışmalıdırlar.

KİLİSE İHTİYARLARI

Ama İsa'nın dua hizmetiyle ilgili aklımızda tutmamız gereken bir şey daha var: İsa hâlâ dua ediyor.

İsa yaşıyor ve Baba'nın sağında otururken, başkâhinimiz olarak kendi halkı için aracılık ediyor (Rom. 8:34; İbr. 7:25). Savunucumuz İsa, bizim için Baba'yla konuşuyor (1.Yu. 2:1). Çarmıha gitmeden birkaç saat önce, İsa öğrencilerini Yahuda gibi günaha düşmekten koruması için Baba'ya dua etti (Yu. 17:11-15) ve İsa bizim için Baba'yla konuşurken, O'nun halkı da Tanrı'nın lütfuyla korunmaya devam ediyor.

Dolayısıyla ihtiyarlar kiliseleri için dua ettiklerinde, sadece İsa'ya benzemekle kalmaz, aynı zamanda İsa'ya katılırlar. Ast-çobanlar, Baba'dan koyunları korumasını ve güvenle eve getirmesini isterken, sesleriyle bizzat Baş Çoban'ın duasına katılırlar.

SONUÇ

Çobanlığın Sonsuz Ağırlığı

Yerel bir toplulukta ihtiyar olarak hizmet etmek büyük bir ayrıcalık ve sorumluluktur çünkü sonsuz bir öneme sahiptir. Bu iş korkutucu, hatta bazen imkânsız görünebilir. Ama ona verdiğiniz her şeye değer çünkü Tanrı'nın kanıyla satın aldığı halkına göz kulak oluyor, onların sonsuz mutluluğu ve Tanrı'nın sonsuz yüceliği için çalışıyorsunuz.

Bu yüzden şimdi ihtiyarlık yapan ve gelecekte ihtiyar olacak olanlar kardeşler, size çobanlığın bu sonsuz ağırlığıyla ilgili son iki şey söyleyeyim. Bunlardan biri uyarı, diğeriyse bir vaattir.

Önce uyarı: İyi çobanlık edin çünkü verecek bir hesabınız var. İbraniler'de çalıştığımız sözleri hatırlayın:

> Önderlerinizin sözünü dinleyin, onlara bağlı kalın. Çünkü onlar canlarınız için hesap verecek kişiler olarak sizi kollarlar. Onların sözünü dinleyin ki, görevlerini inleyerek değil –bunun size yararı olmaz– sevinçle yapsınlar. (İbr. 13:17)

Bu nasihat öncelikle kilise üyelerine yöneliktir ama içinde gözetmenlere yönelik olan bir uyarı da vardır. İhtiyarlar "hesap verecek kişiler olarak" gözetmenlik yapmaktadırlar. Kilise İsa'ya aittir. Koyunları O satın almıştır. İhtiyarlar sadece kendilerine "emanet edilmiş" olanların bakımıyla ilgilenen kişilerdir (1.Pe. 5:3). Pastörler sürü sahibine sürüye nasıl baktıklarının hesabını vereceklerdir. Damat'a, Gelini'ne nasıl baktığımızın hesabını vereceğiz. O'nun gerçeğini, bütün gerçeğini ve sadece O'nun gerçeğini öğretiyor muyuz? Koyunlarını O'nun sevdiği gibi seviyor muyuz? İstismarcı mıyız, yoksa alçakgönüllü müyüz? Kardeşlerimizi İsa'ya mı yönlendiriyoruz, yoksa O'nu izlemeye çalışırlarken onlara engel mi oluyoruz?

Ancak sonsuz bir vaat de vardır: *İyi çobanlık edin çünkü kazanacak bir tacınız var.* Petrus ihtiyar emektaşlarına alçakgönüllü, örnek olacak şekilde çobanlık yapmayı öğütledikten sonra, şu vaatte bulundu "Baş Çoban göründüğü zaman yüceliğin solmaz tacına kavuşacaksınız" (1.Pe. 5:4).

Her hafta yaptığımız ve kaygılandığımız şeylerin çoğu yavan şeylerdir. Vaiz bize uğraşımızın ve başardıklarımızın geçici olduğunu hatırlatmaktadır. Biriktirir ve inşa ederiz ama sonunda onları başkalarına bırakırız. Ancak verimli bir çobanlığın ödülü asla yok olmaz. Her hafta size kalıcı bir taç vaadinde bulunan başka ne yapıyorsunuz?

Kardeşler, ihtiyar olmayı düşünürken ve bunun maliyetini hesaplarken, iyi ve sadık kulları bekleyen sonsuz yüceliği hesaba katmayı unutmayın.

Yeryüzü toprağında uyuyanların birçoğu uyanacak: Kimisi sonsuz yaşama, kimisi utanca ve sonsuz iğrençliğe gönderilecek. Bilgeler gökkubbe gibi, birçoklarını doğruluğa döndürenler yıldızlar gibi sonsuza dek parlayacaklar. (Dan. 12:2–3)

9Marks

Sağlıklı Kiliseler İnşa Etmek İçin

9Marks hizmeti, kilise önderlerini Kutsal Kitap'a bağlı bir vizyon ve kullanışlı kaynaklarla donatmak amacıyla, Tanrı'nın yüceliğini sağlıklı kiliseleri kullanarak dünyadaki bütün uluslara yansıtmak için kurulmuştur.

Bu doğrultuda, kiliselerde şu dokuz sağlık işaretini görmek istiyoruz:

1 Açıklayıcı Vaaz

2 Müjde Öğretisi

3 Kutsal Kitap'a Dayalı Mesih'e Dönme ve Müjdeleme Anlayışı

4 Kutsal Kitap'a Dayalı Kilise Üyeliği

5 Kutsal Kitap'a Dayalı Kilise Disiplini

6 Kutsal Kitap'a Dayalı Öğrenci Yetiştirme ve Büyüme Arzusu

7 Kutsal Kitap'a Dayalı Kilise Önderliği

8 Kutsal Kitap'a Dayalı Dua Uygulaması Anlayışı

9 Kutsal Kitap'a Dayalı Müjde Hizmetleri (Misyon) Anlayışı ve Uygulaması

9Marks'da bizler makaleler, kitaplar, kitap eleştirileri ve online makaleleri yayınlıyoruz. Web sitemiz çeşitli dilleri kapsıyor. Diğer dilleri görmek için lütfen şu linki ziyaret edin:

9marks.org/about/international-efforts

Türkçe: tr.9marks.org | İngilizce: 9marks.org